生老病死と介護を語る

時田 純 著
Jun Tokita

“他者への献身が
豊かな人格を創る”

JMP
日本医療企画

はじめに

「人は人として存在するだけで尊い」。この理念は、当法人を設立の際、高齢者の介護の基本理念として、常に心しなければならない規範として定めたものです。

人はとかく他者を外見で評価しがちです。しかし、人間を理解することほど、難しいことはありません。人は身体的、精神心理的、社会的及び霊的な面まで含めた総合的な存在であり、しかも一人ひとり異なるので、理解することは極めて難しいのです。

私が高齢者の介護に人生を賭ける志を立てたのは、治癒不能な複数の病気を抱え、介護が必要な人々が増えてきた1970年代の中頃です。現在も、特別養護老人ホーム（以下、特養ホーム）は入所希望の待機者が絶えません。介護保険で介護の社会化が実現したとはいえ、在宅で介護する人々にとってその困難さは少しも変わっていないように思います。そして、その辛労を思うと心が痛むのです。

アメリカの医学教育の基礎を築き、「The Principles and Practice of Medicine」（医学の原理と実際）など、多くの名著を残したウィリアム・オスラー博士は、「臨床医学は科学に基礎をおいたアートである」と述べています。

オスラー博士が言うアートとは、学術と技術を包含する欧米に共通する考え方で、患者の体質を考慮したいろいろな処置の原理が研究され、一つひとつのケースについて理論的な理由付けができているという意味ですが、私は高齢者の介護もまた、「臨床に基礎をおいた総合科学」であると40年前から言い続けてきました。

医療が専門分化すればするほど人間存在から離れていくのと対比して、高齢者の介護は、自然科学や社会科学・人文科学・行動科学など、全ての視点からの知見が必要であり、そうでなければ人間理解は極めて難しいからです。

私は1976（昭和51）年、高齢者介護の理想的な在り方を求めて社会福祉法人の設立を申請し、その認可を待つ2年間、社会福祉法人全国社会福祉協議会が実施する社会福祉施設長資格認定講座を受講して、日本の社会福祉制度を体系的に学びました。

その折、同研修センターの中島俊寛所長の知遇を得て、大分県の特養ホーム任運荘の吉田嗣義氏を紹介され、現地を訪れて本物の特養ホームの経営と介護哲学を学ぶ機会を得ました。

吉田氏は1997（平成9）年に逝去されましたが、沖縄県出身で京都大学哲学科を卒業後、中学校や師範学校の教師を経た後に大分県厚生部次長などを務め、社会福祉法人「任運社」を設立して、自らの信念に基づく特養ホームを経営し、業界の風潮に与することなく一人信念を貫いた気骨の人でした。

その著書「任運騰々」の一節には次のように記されています。

　私たちの特養ホームには、寝ついた老人に床ずれは一人もいない。生の果てに床ずれで苦しめることは許されない。寮母たちの身内のごとく仕える日夜の努力、それが端的に床ずれゼロに表現されている。

この一文を以てしても、吉田氏がなぜ一人孤高を貫かれたのか、当時の介護や医療の実態が理解できるのではないかと思います。

今、潤生園は国内外の福祉・介護関係者等から、「潤生園の介護」と評価をいただくまでになりました。

その背景には国・県・市等の行政機関の方々や、多くの関係団体の皆様のご理解とご支援、そして何よりも私たちを信頼し、大切な介護を委ねてくださった、ご利用者やご家族の皆様が、訪問・通所・短期入所など様々な在宅サービスや特養ホームにおける看取りの在り方について、新しいチャレンジの機会を提供してくださり、経験を積ませていただいたおかげです。

また、潤生園の理念と志に賛同し、経営に参加していただいた歴代役員の皆様や、介護の労苦を厭わず献身的に働いてくださった多職種の仲間たちの労苦の賜ものです。

本書に記すことは、私が40年間の介護現場の経験から学び、考え続けた実務者としての見解であり、総ての責めは私にあります。

次の10年に向かい、新たな一歩を踏み出すに当たり、歴史を通して経営理念を深めると共に、世界に例のない超高齢社会に対応する道筋の一端を提示しました。

本書を読まれた方が、慈悲の理念と人間愛を培われ、総合科学に裏打ちされた、世界に誇る介護の実践を愈々《ますます》磨き、人類益に貢献されるよう期待しています。

時田　純

もくじ

第2章 困っている人を見過ごさない

第3章 食は「いのち」を支える生活基盤

第4章 認知症は「天与のもの」と受容する

第7章　宿命を使命に変えて生きる

第8章　人生100年時代を迎え　超高齢社会への処方箋

コラム

装丁　櫻井ミチ
DTP　株式会社明昌堂
写真　潤生園
構成　下平貴子

序章

「潤生園の介護革命」の歴史

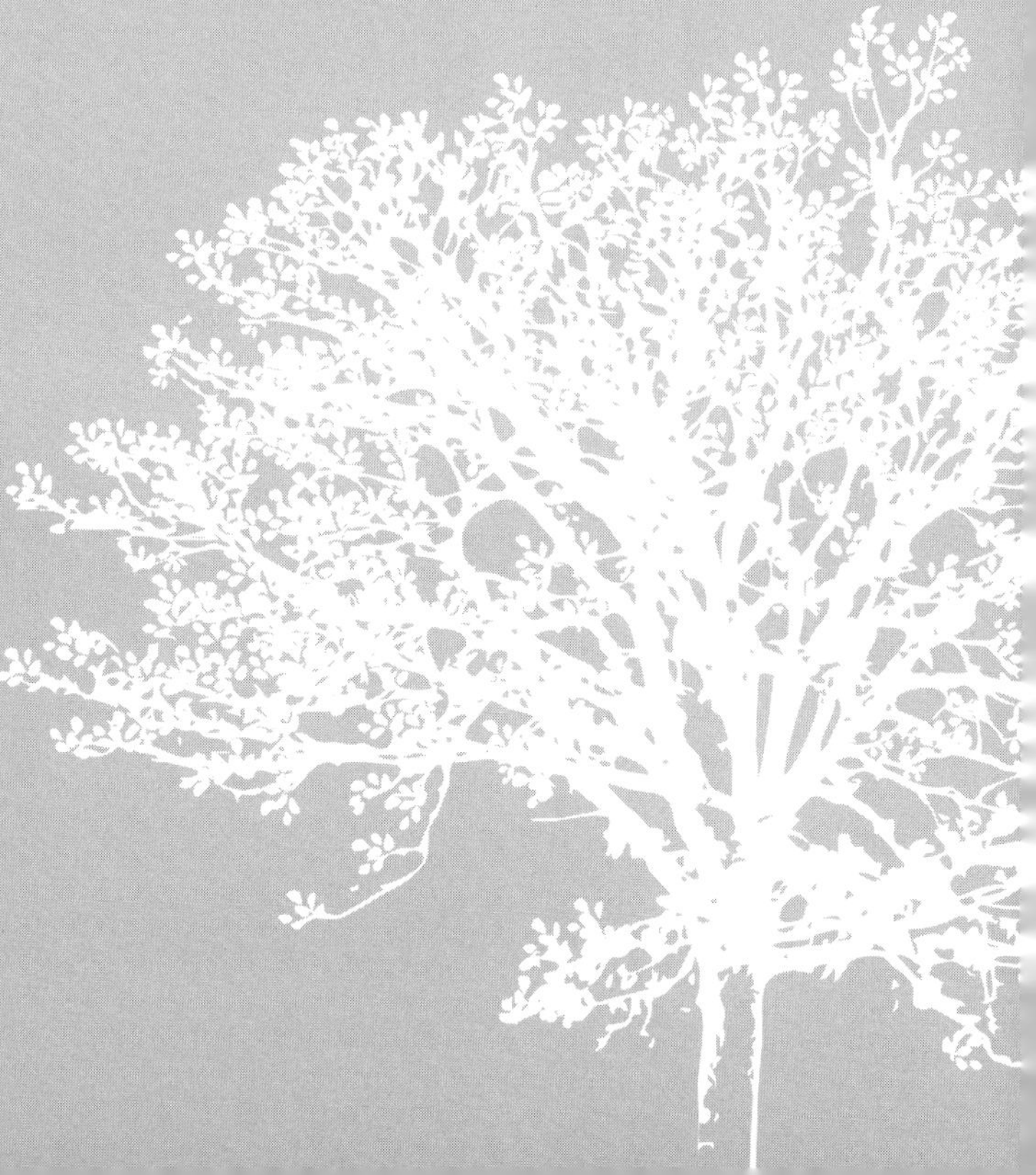

40年に亘る「介護革命」の歴史

悲惨だった「寝たきり老人」の実態

私は、1963（昭和38）年から1975（昭和50）年まで、小田原市議会議員を務めた間に、全国各地に出張し、様々な課題調査を行いました。その一つが特養ホームの実態調査でした。

1963（昭和38）年に特養ホームが法制化され、間がないこともあったのですが、当時の施設の居室定員は6～8名の雑居部屋が主で、トイレが廊下から丸見えの施設さえあるなど、人権への配慮など全くない施設が少なくありませんでした。

中にはホームの屋根の上に、「寝たきり老人ホーム」と大書した看板を掲げた施設さえあった時代です。

「寝たきり老人」という言葉が当たり前のように使われ、ほとんどの施設が「寝かせきり」ホームで、廊下に人の気配はなく、入所者は終日、臥床状態で過ごし、介護者は食事・排泄の世話をベッド上で行っていました。そこには、介護の科学性など全く見られず、極めて悲惨な状態でした。

危機に瀕していた「人間の尊厳」

私が、社会福祉法人の設立と、特養ホームの整備を計画し、用地の取得と資金調達に苦慮していた時、既に故人になられた二人の女性が、「高齢者の福祉のためなら」と、無償で用地を貸与してくださいました。その用地は後に、寄贈していただいたのですが、施設の整備は実に困難を極めました。それは近隣住民による反対運動が起きたからです。

「老人ホームができると、自然環境が損なわれる」「日当たりが悪くなる」「霊柩車が町の中を走る」など、様々な理由を付けて反対運動は執拗に繰り返されました。

当時はまだ高齢化率も低く、介護問題についてマスコミの報道も少ない時代でしたから、理解されないのは致し方がなかったのです。

様々な要望を受けその都度設計を変更し、数次に亘り住民への説明会を開くなど誠意を尽くしました。その状況を打開できたのは、自治会役員の有力者が応援してくださったおかげです。この方も既に故人になられましたが、私はこれらの方々のご恩を今に至るまで忘れたことはありません。

潤生園が１９７７（昭和52）年、特養ホームの設置認可を受けた時は、「社会福祉施設緊急整備５カ年計画」が終了していたのですが、地域には入所待機者が溢れていたので、国としても更に特養ホームの整備を急いでいました。

１９７８（昭和53）年５月、潤生園を開設しましたが、開設に当たり私が目指したのは、入所される方々は「人間の尊厳が危機に瀕している方」という認識で、その状態から救うことでした。そのためには介護の労苦を厭わない、覚悟した人材が必要でした。人間としての存在の在り方をどのように考えるか、人間の尊厳をどう認識するかが、介護の出発点だからです。

人間性の回復へ

潤生園の介護理念を、現場で具体化する上で大きな示唆になったのは、今は亡き日野原重明先生の文献でした。

日野原先生は「人が安静にしなければならない場合は唯一つ、現実に脳に出血している時だけである」と記されていました。ならば、特養ホームの入所者には、現実に脳に出血している人はいないので、「全員起こせるはずだ」と理解し、おむつの利用から、トイレ誘導に踏み切ることにしました。

しかし、長年おむつに慣れてしまった人々は、いくらお願いしても、なかなかコールを押してくれません。そこで、おむつ交換の都度、「もしおしっこが出そうになったら、コールをしてください」と、根気強くお願いしました。

その甲斐があって、一人、二人とコールサインがいただけるように変わっていき、遂にほとんどの人が排泄の自立に成功しました。

その後、大多数が離床し、普段着に着替え、車いすで生活する方、自立歩行できるようになった方などが続出し、日中を思い思いに自由に過ごすようになり、遂には施設特有の臭気が全くない、清潔な環境が創れたのです。

まさに人間性の回復であり、人間の尊厳を取り戻すことができたのです。排泄の自立が、人間の自立の基礎と分かりました。それを可能にしたのは、介護スタッフの「慈悲」と「博愛」に溢れた、真心の介護でした。

潤生園の介護理念を世界へ

国の内外から講演や講義等に招かれた折に、よく聞かれる質問は、「人の尊厳とはどういうことか」「人間はなぜ尊いのか」「認知症の人をどうとらえるか」「最期の看取りはどうあるべきか」など、本質的な問題が多く、私がそれらの質問に答えると、「これまで聞いたことがない」とか、「そういう話を聞く機会がなかった」など、私にとっては普通のことを、意外に知らない人が多いので、むしろ驚かされます。

しかし、人を援助する介護の仕事は、まず何よりも「人間の生命」は他に代え難い尊い存在であること、更に「人は誰もが等しく平等で、唯一無二の存在である」という基本的な認識が不可欠です。

そのように「生命」の価値を認識していなくては、高齢者を心から敬愛することなどできないでしょう。介護という行為は、尊い「仏の生命」を内在する人々を、豊かな知識と経験を積み重ねて、真心から援助する行為だからです。

明治維新後の日本に、封建社会の民衆像を否定し、近代国家の市民へ意識転換を促した福沢諭吉氏が説いたとされる「心訓七則《しんくんしちそく》」には、「世の中で一番尊いことは、人のために奉仕して決して恩に着せないことです」と遺されています。このように示唆したのは、他者のために尽くして、見返りを求めない尊さを訓《おし》えたのでしょう。介護という行為は、まさにその典型的な仕事だと思います。

人は本来であれば、誰からも指示されず、自分で選び、自分で決めて生活をしています。ですから自立できなくなり、他人の手助けを受けることは、とても辛いことなのです。
相手のそのような心情を理解し、とくに排泄など身辺の介護はさり気なく、手際よく行い、恩に着せないように気遣いするなどは、人間としての最高の振る舞いでしょう。しかも、介護者にとってやりがいのある、世間一般の仕事よりも、はるかに素晴らしい仕事なのです。人間社会でこれほど尊い仕事は、他にないと思います。

様々な機会に、介護や医療・看護等の方々から、「潤生園の介護は神様の仕事です」などと言われることがありました。それは、医療や看護教育などで明示していない「生命の尊厳」を守ることに徹しているからだと思います。

「サービスを先駆的に創造してきた理由」も、よく聞かれる質問ですが、そこにサービスがなくて困る人がいれば、どうしたらニーズに応えられるか、まず挑戦します。

そのような考え方の原点は、哲学と医学を結びつけ、独自の学問領域を開拓した、澤瀉《おもだか》久敬《ひさゆき》博士（医学）、大阪大学名誉教授が遺した、「生命とは創造である」という言葉です。

澤潟博士の著書「自分で考えるということ」は、ロングセラーになりましたが、「生きる」とは、創造することだと言われたのです。

また、澤潟博士は「健康論」の中で次のように述べています。

健康を求める者は、自分の生命の在り方を無視して、一般論の学説だけを適用してはならない。全てのものは、一般性の面と特殊性の面から見なくてはならない。医者は患者と接する時に、いつも心に止めていなければならないのは、「患者は一人ひとり例外者」であり、健康及び病気の問題は、特殊性の問題が大切なのである。生命とは「個化（individual）」であり、それが、生命の本質なのである。個人には、「その人の健康がある」と考えるのが正しい。

潤生園は「どのように職員教育をしているのか」と、聞かれることも多いのですが、一言でいえば、哲学や宗教が示唆している、世界共通の理念に基づいた教育です。そのような人間教育により、壮大な目標ですが、潤生園の介護の理念を世界に広め、世

●潤生園の運営理念の意味

「潤生園の運営理念」――**『人は人として存在するだけで尊い。真の福祉は人のいのちの尊さを知り、個人の人格を心から敬愛するところから始まる』**は、全ての人が、かけがえのない「仏性」をそなえた、尊い存在であるとの意義を込めています。

人間は、自己の「尊厳」を知ることによって、他者の尊厳も知り、お互いを尊敬する心が生じます。それは、潤生園の職員の、基本的な行動の指針です。

（参考）世界人権宣言前文は、「人類社会のすべての構成員の固有の尊厳と平等で譲ることのできない権利とを承認することは、世界における自由、正義及び平和の基礎である」と定めています※。これは人類共通の理念であり、潤生園の理念とも通底しています。

（※ 1948年12月10日・第3回国連総会で採択）

界平和の基礎づくりに貢献したいと思います。

世界人権宣言70周年に当たって

２０１８（平成30）年は、「世界人権宣言」が、国連で採択されて70周年です。同宣言は、「人類が成し遂げた偉大な業績の一つ」とされますが、法的にも文化的にも、多様な背景を持つ世界各国の代表によって起草され、あらゆる国の人々にとって達成すべき共通の基準とされています。

１９４８（昭和23）年12月10日、国連総会で採択された「世界人権宣言」は、その「前文」に「人類社会のすべての構成員の固有の尊厳と平等で譲ることのできない権利とを承認することは、世界における自由、正義及び平和の基礎である」と定めています。

そして、あらゆる国や機関に対し、教育を通じて人権の尊重を促進するよう促したのです。その策定作業は困難を極めました。

憲章の成立に最も尽瘁《じんすい》した、国連人権委員会委員長のエレノア・ルーズベルト女史は次のように述べました。

「私たちの歴史を私たち自身の手で創るのです」、「希望を持つ方が、希望を持たないよりも、試みる方が試みないよりも、より知的と言えます。できないと言っていては、何事も達成できません」と主張しました。その上で女史はこうも述べています。

普遍的な人権とは、どこから始まるのでしょうか。実は家の周囲など、小さな場所からなのです。あまりに身近すぎて、世界地図などに載っていません。ご近所の人、通っている学校、働いている工場や農場、会社などの個人個人の世界こそ、始まりの場なのです。

この「世界人権宣言」は、第二次世界大戦の惨禍《さんか》を経験した人類が、世界共通の理念として定めたものですが、当法人の「生命尊厳」の理念も全く同様です。

また、1947（昭和22）年5月3日施行された「日本国憲法」の掲げる目的は、個人の尊厳を確立させることである、というのが憲法学の定説です。それは、人間社会の全ての価値の根元は個人であり、他の何にも勝って個人を尊重することを、明示したものなのです。

そして、同第十三条には、「すべて国民は、個人として尊重される。生命、自由及び幸福追求に対する国民の権利については、公共の福祉に反しない限り、立法その他の国政の上で、最大の尊重を必要とする」と定めています。

この「個人の尊厳」の意味については、具体的に明言されていませんが、個々の人間の幸福という意味と理解されているように思います。しかし、本質はもっと深いところにあります。

それは、人の「尊厳」を理解するには、「生命の尊さ」を理解しなければならないからです。

なぜ、「人間は尊い存在なのか」「人間の『倖《しあわせ》』は何によって得られるのか」「優れた人格とはなにか」「人格形成は何により培われるのか」「敬愛の心とは何か」など、本質的な認識が必要です。

そこで、潤生園では日常的に、人が生きていく上で欠くことのできない生命倫理と、教養を重視した人材育成に努めてきました。

また、様々な学びの機会を提供し、職員間のコミュニケーションを深め、互いを尊重する職場文化を育ててきました。

人の「生命の尊厳」を守り、生活を支える「介護」の仕事は、そう生易しいものではありません。

近年、頻発している介護施設従事者による虐待事件は、2014（平成26）年の厚生労働省統計によれば実に300件を数え、通報があった件数は1120件もあります。その背景には、単に利益目的で拡大した施設や、経験未熟な職員の増加、そして何よりも教育の欠如が原因のように思います。

また、「養護者による虐待」と判断された件数は1万5739件、通報・相談件数は2万5791件に達し、惨憺《さんたん》たる状況です。
その背景には、家族機能の脆弱《ぜいじゃく》化をはじめ、介護の労苦を分かち合う「思いやりの心の弱体化」が蔓延しているように思います。

そのような風潮が広がっている中で、介護を自分自身の使命と自覚し、働いている人々がいます。介護を通して人生修行ができ、その上、魂が磨かれ、金銭に代え難い価値として人格が豊かに培われるのです。それこそ介護の究極の目的です。

潤生園の介護を評価していただく理由は、全ての職員が潤生園の理念を理解し、ご利用者やご家族と苦悩を共に（同苦）して、職務に専念するからだと思います。介護の本質を理解し、自身の生命を輝かせながら、介護が必要な人々に献身する人材が定着してくれることを心から願っています。

福祉・介護の仕事をこれまで続けてこられたことに感謝し、これから同じ道を往く人々に伝えたい介護の素晴らしさを書き遺しておこうと思います。

第1章

介護は人格を磨き、人格を培う聖業

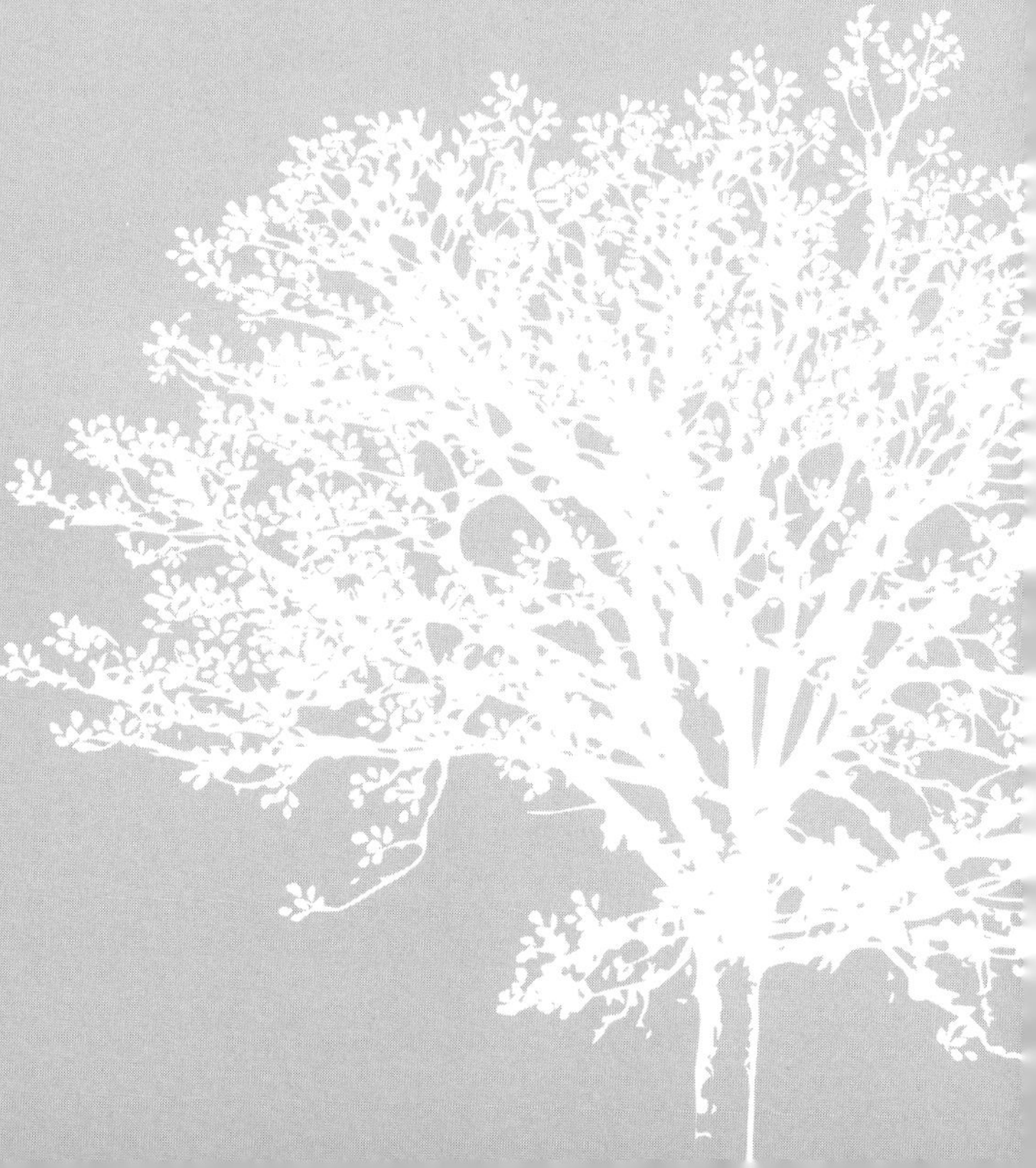

生命の「尊厳」とは何か

人間は、人間として存在するだけで、なぜ尊いのでしょうか。

それは人間として存在する核心が、「慈悲（抜苦与楽《ばっくよらく》）」と「愛（博愛）」に満ちているからです。

仏教の開祖であり、現世における唯一の仏とみなされている釈迦《しゃか》（紀元前6世紀）は、「人間は等しく、『仏の生命』を内在する尊い存在であり、他者のために尽くせば、私と同じ仏になる」と説きました。

釈迦は、法華経《ほけきょう》の法師品《ほっしほん》という教典の中で、自分が人間に生まれてきた目的について説いていますが、それは「人間でなければ人間を救えない」からであり、全ての人間は自分と等しい、尊い存在なのだと訓えたのです。

イエス・キリスト（紀元前４年）は、「私があなたがたを愛したように、あなたがたも互いに愛し合いなさい。これが私の戒めです」（新約聖書）と説きました。このような考え方は特定の民族や国家・地域を超えた人類共通の倫理であって、人間は全て平等で、尊厳ある存在であると認識することが重要なのです。

この「人間の尊厳」と「慈悲」について、ハーバード大学ウェザーヘッド国際問題研究所のドナ・ヒックス博士は、２０１５（平成27）年1月の講演「尊厳　生存と他者との関係におけるその役割」の中で、次のように述べています。

「人間生命の尊厳は、『生まれながらに内在する価値』である」「人は尊厳ある存在として生まれるが、その事実は学ぶことによって初めて獲得される。他者に自己の尊厳を気付かせるに当り、仏教が説く内省は重要な手段であり、自らが目覚めるのみならず、他者のための行動を促す要素として、『慈悲』が肝要である」と。

そしてヒックス博士は「尊厳とは欠如すれば多大な苦しみをもたらし、維持すれば人生の営みを豊かにするものであるにもかかわらず、具体的な説明は長くされてこなかった」とも話し、「尊厳は、人となりや行為に対する判断を指す『尊敬』と異なり、『生まれながらに内在する価値』である」と定義しています。

また、南アフリカのマンデラ元大統領が、獄中で受けた迫害にも屈することなく誇りを持ち続けたエピソードに触れ、誰人も人間の尊厳を奪い去る力などなく、尊厳は自らの手の内にあると強調し、気落ちしている時には見えなくなる場合もあるが、いかなる仕打ちを受けようとも、尊厳を取り戻すことが可能であり、その責任は自分にある。そして、尊厳のもとに人は平等であり、マンデラ元大統領は、南アフリカの流血を、「尊厳」によって食い止めた、と力説したのです。

この生命の尊厳については、プロイセン王国の哲学者で、ケーニヒスベルク大学の哲学教授だったイマヌエル・カントは次のように述べています。

一切のものは価格を持つか、さもなければ尊厳を持つか、二つのうちのいずれかである。価格を持つものは、何か他の等価物で置き換えられ得るが、これに反しあらゆる価格を超えているもの、即ち値のないもの、したがって、等価物を絶対に許さないものは、尊厳を具有する。

そして、「生命が尊厳であるのは、如何なる等価物も持たないことである。何ものも、代替することはできないのである」とも述べました。

また、英国を代表する20世紀最大の歴史家、アーノルド・トインビー博士は、

価格とは相対的なものであり、価格を持つものは全て、何らかの等価物との交換が可能である。これに対して尊厳は、相対的なものではなく、絶対的なものである。いかに価値あるものでも、尊厳や名誉と代替し得るものはない。

と述べています。

更に、新約聖書（マタイ伝16章26節）には、「たとえ人が、全世界を儲けても、自分の命を損したら、何の得になろうか。また、どんな代価を払っても、その命を買い戻すことができようか」と訓えています。このように、生命の尊厳については、洋の東西を問わず世界共通の倫理なのです。

ところで、介護の現場では「尊厳を守る」「自立を支える」「自己決定の尊重」などという言葉が、当たり前のように使われていますが、介護という行為の基礎には、サービスを利用される人々の「生命の尊厳」を守り、人生を支えさせていただく、強い意志が必要になります。

言葉を、意志の表れとするには、普遍的な生命倫理を学び、こうしたことを常日頃から職員間で対話する現場であることも大切です。

●生命の尊厳について

人は、人として存在するだけで、尊いのです。それは存在の核心が、慈悲（抜苦与楽）と愛（博愛）に満ちているからです。
釈迦は、全ての人間は「仏性」を内在し、私と等しく慈悲に溢れた、尊い存在であると説きました。

イエス・キリスト（紀元前４年）は、「私があなたがたを愛したように、あなたがたも互いに愛し合いなさい。これが私の戒めです」（新約聖書）と教えました。この原理は、特定の民族や地域を超えた、人類共通の理念です。そして、人間の尊厳は、その人がどのような状態であっても、全く平等で差別がないのです。

ドナ・ヒックス博士は、「人間生命の尊厳は、『生まれながらに内在する価値』である」「人は尊厳ある存在として生まれるが、その事実は学ぶことによって初めて獲得される。他者に自己の尊厳を気付かせるに当り、仏教が説く内省は重要な手段であり、自らが目覚めるのみならず、他者のための行動を促す要素として、『慈悲』が肝要である」と述べています（出典：ハーバード大学ウェザーヘッド国際問題研究所・於アメリカ平和研究機関）。

潤生園は40年前に、次の運営理念を掲げて事業を開始しました。

人は人として存在するだけで尊い。
真の福祉は、人のいのちの尊さを知り、
個人の人格を心から敬愛するところからはじまる。

この言葉は、私が高齢者の介護に人生を賭ける思いを、熟慮の結果決めたものです。
釈迦の教典には、「一日の生命は世界中の財宝よりも尊い」という訓えがあります。
教典は、釈迦が「人としての生き方」（生活法）を、弟子に説いた訓えを、釈迦の入滅後、弟子たちが、「如是我聞（私は師からこのように聞いた）」とまとめて、後世に残したものです。

私は戦争体験者で、終戦の日の天皇陛下の詔勅《しょうちょく》を、最前線の戦場で聞きました。
目の前にはソ連の大軍が迫っていました。もし一日、終戦が遅れていたら、今、生きてこの世にはない生命です。死を目前にして極限状態におかれていました。

ですから、生命と平和の尊さを、骨身に刻んでいます。そのような体験をし、後に「生老病死」の四苦を学んで、苦しみ悩む人々の心情を痛いほど理解しています。それが潤生園の創設に当たり、運営理念に「生命の尊厳」を掲げた由来です。

自分自身の「生命」の尊さを知ることで、他者の「生命」の尊さを認識するのです。自分と同じように他者を思いやること、苦しみを共にすることなど、普通できるでしょうか。

介護は、人間として未熟で至らない我々が、他者を敬愛することによって、我々自身を受け入れていただき、その上で介護させていただくのですが、それは信頼していただくことが前提になります。その信頼に応えようと介護の務めを果たすのです。

その行為が、慈悲と博愛に満ちたものであって欲しいのです。福祉や介護の本質を、真から理解するには現場で智慧を学び、経験を深める以外にありません。

潤生園の介護から、現場の智慧を読み取っていただきたいのです。潤生園の介護には、次のような流れがあります。

「人は人として存在するだけで尊い」とする、生命の尊厳を守る運営理念の徹底

↓

施設という集団の中でも、ご利用者一人ひとりのニーズに応える個別介護の提供

↓

運営理念を未来に繋ぐための、組織としてのシステムとマネジメント

↓

利用者の信頼に応えているか否か、サービスの検証と改革のための「見える化」による、エビデンスの収集と分析及び評価

全ての職員が立場は異なってもこの流れで役割を果たします。まず運営理念ありきなのです。そしてそれこそが福祉や介護の使命だと確信しています。

潤生園の歴史は「在宅支援の創造」

潤生園は1979（昭和54）年6月から、寝台車（ストレッチャー）で、地域の寝たきり高齢者をお迎えに行き、入浴サービスを始めました。この自主事業は「デイサービス」の先駆けと評価されていますが、当時、全国的にも珍しい無償のボランティア活動でした。

この日帰りサービスは、家庭の介護力の不足や介護者の疲弊《ひへい》から、やむを得ず寝かせきりになり、身体介護の衛生面が行き届かずに褥瘡がつくられ、医療的ケアが必要な人のケアや、生活が破綻状態の介護者などのレスパイトケアが中心でした。

在宅介護の環境や状態は、それぞれの家庭で全く様子が異なるので、その支援は現場の「事実」から判断し、利用者に適したサービスの提供を考える必要があるのです。

潤生園は「入浴サービス」をやろうとして地域に該当する高齢者を探しに行ったのではなく、目の前の人の困りごとを解決するため、デイサービスを創造したのです。学問は現場から生まれ、事実から出発します。ボランティアの自主事業とはいえ、サービスを一から創り上げるには試行錯誤が必要でした。

いずれ同様の問題で困る人が増えることは明らかでしたから、サービスを検証して「ツーデイサービス」に発展し、それに「ショートステイ」や「セミロングステイ」などを組み合わせ、個別マネジメントで在宅介護の継続を可能にする仕組みが徐々にできていきました。

その一方で、介護保険が制度化され、事業への参入が容易になるにつれ一抹の危惧を覚えました。事業者に対する評価がなく事業目標も曖昧なまま、主に介護予防の元気高齢者の社交場が広がったからです。

介護保険制度は制度を維持するために拠出される公費半分、保険料半分の制度ビジネスで、公的な仕事ですから、民間の介護事業者だからといって何をやってもよい訳ではありません。にもかかわらず、被保険者の気持ちを逆なでするような事業者が少なくないのは残念でなりません。

そこで考えるのですが、現在ある多くのデイサービスや訪問介護は在宅介護を支えているのでしょうか。

サービスのご利用者は、頻繁な外出を本当に望んでいるのでしょうか。

介護保険制度以前の高齢者は、それぞれの家庭でもっと穏やかに暮らし、たまの外出を楽しみにしていたのではなかったでしょうか。現在のサービスは、提供側の都合でつくられたもので、利用者主体ではないと思わざるを得ないのです。

制度やサービスは不断の検証が必要です。多くの人から支持され、当たり前になっていることでも、これでよいと思ってはいけません。世の中は常に変化しているので変わり続けることが自然なのです。

社会貢献こそ社会福祉法人の使命

社会福祉事業は伝統的に、先人が歩いて道を付け、実践を経て発展してきた歴史です。ですから後に続く者は、先人の労苦を無にすることなく、福祉人としての道を踏み外さず、後世のために更なる先へ道を付けなくてはならないのです。

それでは、社会福祉法人に課せられた使命とは如何なるものでしょうか。社会福祉事業を営む者は次の使命を自覚しなければなりません。

まず、社会福祉法人は常に「公益に奉仕する」という原点を見失わず、変化する環境に適応するよう革新性と創造性を発揮し、高品質なサービスを提供して、「社会貢献する」ことが本来の使命です。

非営利組織ですから、収益が発生したら単に蓄えるだけでなく、自主財源に充当して介護・福祉資源の拡大や再生産に努め、国や自治体が目指す目的に貢献しなければなりません。

「地域包括ケアシステム」の構築のためには地域福祉の総合的な担い手として、サービスの複合化はもとより、住宅政策や保健・医療・教育など、周辺領域との連携に努め、包括的で切れ目のないサービスを24時間・３６５日型に整備し、警察や消防、病院などと並ぶ社会インフラとして存在価値を高めることが必要です。

経営目標としては法令遵守は当然のこと、行政依存を極力排して、自主的な工夫で新しいサービスを創造し、「自ら介護の価値を高めるメッセージ」を不断に発信するべきでしょう。

更に期待したいことは、いずれは社会でスタンダードとなるサービスを先駆的に実験証明し、サービス利用者や地域住民の「生活の質」をよりよくする支援の文化を創ることを目標としていただきたいのです。

更に社会福祉法人は、公益法人としての使命を社会に宣言し、「運営理念」を社会に公表して、認知されなければなりません。

オーストリア生まれの経営学者ピーター・ドラッカーは、その著書「非営利組織の自己評価手法」の中で、次のように述べています。

非営利組織の使命（仕事）は、社会と個人の生活の双方を向上させることです。非営利組織は、その使命故に存在し、そのための潜在的な力を持っているのです。そして使命は常に出発点であり終着点でもあり、その中間が使命を実行するプロセスなのです。

経営者や管理職だけが、使命を自覚し、理念を重視していても、使命を果たせる訳ではありません。共に働く職員全員が共感し、住民のための地域資源としての社会福祉法人の一員であると自覚し、気概を持って働くことが大切なのです。

介護を通して慈悲心を身に付け豊かな人格を形成

私は、1983（昭和58）年10月、「神奈川県派遣海外研修団」の一員として、イギリス、フランス、スイス、デンマークを歴訪し、ヨーロッパ各国に根差す、博愛の精神性を学びました。

彼らの福祉の精神は、キリスト教による愛が基調です。その「愛」は、「自分と同じように他人も『倖』であれ」という、民主主義の根幹とされる「博愛精神」であり、ヒューマニズムを基礎とする考え方です。

この精神性に根差した底の深さと、日本の形ばかりの福祉を比較した時、あまりの違いに驚愕したことを昨日のことのように覚えています。多くの福祉関係者が、海外の視察に訪れると思いますが、ぜひそこに着目して欲しいのです。

この精神性が根付いていなければ、ヒューマニズムやノーマライゼーションを語っても、その理念を体現する発想や行動は育たないのではないでしょうか。

私は、東洋における「博愛」は、仏教の「慈悲」の訓えであると考えます。

「慈悲」は、あらゆるものに注がれる無償の愛であり、分かりやすい言葉にすれば、真心からの「思いやり」です。

仏教思想から学べば、「仏」とは特別な存在ではなく、誰の心にも内在する「仏の生命」です。

釈迦の教典、法華経には「愍衆生故生此人間《みんしゅじょうこしょうしにんげん》」（衆生を憐れむが故にここに人間に生ず）という、釈迦がこの世に出現した目的が記されており、自分がこの世に生まれてきた目的は、「全ての人を『仏』にするため」であると、宣言しているのです。

人間は、人間でなければできないことをするために、人間に生まれたのである。

人間でなければできないこととは何であろうか。

人間でなければ人間を救えないのである。

人間が人間に生まれてきたのは、決して偶然ではなく人を救う使命があって、人間に生まれてきたとの訓えです。そして「慈悲」の実践を諭したのであり、現代的に言えば、「博愛」の行動こそ人間として生きる、最高の道であるということを、私たちは自覚したいと思います。

日本の教育では、このような考え方を教えなくなりましたが、日本人の国民性や人生観の奥底には、崇高な慈悲の理念が内在していると信じています。それは個人の宗教観とは別次元のもので、教育に取り入れるべきではないかと思います。

二宮尊徳先生の訓えなども、「人間はいかに生きるべきか」という生活法を説いておられる点で、いつの時代にも必要な人生哲学です。

「博愛」や「慈悲」というのは、言葉は異なりますが、根底の考え方は、世界共通で普遍的な「人間の本質」です。

その本質を見抜くために、教養を学ぶ必要があるのです。

●人間はなぜ人間に生まれたのか

「愍衆生故生此人間」（衆生を憐れむが故にここに人間に生ず）
（法華経）

○人間はなぜ人間に生まれたのであろうか。
人間でなければできないことをするために、人間に生まれたのである。
○人間でなければできないこととは何であろうか。
人間でなければ人間を救えないのである。

リベラル・アーツを学び、教養を高める

物事の本質をつかむ力を養うためには、教養を学ぶ必要があります。しかし、日本の大学教育では、教養教育が軽視されていると言われてきました。それは、1991（平成3）年に大学の自主性を尊重する教育改革を行った結果、日本の大学教育が、一・二年で教養教育を、三・四年で専門教育を行うことで構成し、教養教育が軽視され、専門教育を中心とする風潮が助長されたからだと言われます。

それによって、専門知識はあるが、社会性や常識・教養が身に付いていない若者が社会に送り出され、コミュニケーション能力や考える力が不足していると指摘され、問題視されました。

諸外国の大学で重視され、多くの時間が割かれているリベラル・アーツ（教養課程）

が、日本の大学で軽視され、更に学ぶ機会すらなくなってしまえば、グローバル化している世界で活躍できる人材は育たないでしょう。

そのような経緯から２００２（平成14）年、文部科学省の中央教育審議会は、大学の教養教育を重視すべきという方向性を打ち出しました。

また、経済産業省を中心に、専門的知識だけに偏らない、社会人に必要な汎用的な能力を養成する発想から、社会人基礎力を積極的に育成する動きもあります。

近年、社会で要請される知識は、理系・文系の枠に収まらないものが増え、同じ文系でも、様々な専門分野を融合した能力が求められる職業も増えていますから、一つの専門領域を深く学びつつ、それを支える複数の学問領域の学びの必要性が指摘されているのです。

そこで、日本の大学でもリベラル・アーツ教育を取り入れる大学が増えています。学士課程の枠内で人文科学・自然科学・社会科学を包括し、基礎を習得する目的で、グループワークによる問題発見と、解決に取り組む型の授業や、ディスカッションを積極的に取り入れる授業、プレゼンテーションを頻繁に行う授業、一つの専門を深く追求するのではなく、幅広い視点や学際的視点を重視する授業など、様々な試みがなされています。

企業からは、こうしたリベラル・アーツ教育によって、自分とは専門の異なる他者と協働する時に必要な能力が開発され、創造性を発揮する、汎用性の高い人材が生まれることが期待されています。

なお、リベラル・アーツの発祥は古代ギリシャで、本来「人間を自由にする学問」という意味がありました。

先に述べたヒューマニズムには、「教育・教養」があり、「人道・博愛」も兼ねることを、理想とする人物像がありました。それも古代ギリシャに起源があるので、リベラル・アーツから、様々な考え方が派生し、深められたと言うことができるでしょう。

もしも学校が教えないのであれば、社会や企業が教える機会を持たなくては、人間が生きにくい社会、活力のない企業になってしまうのです。

そもそも教養がなくては、その人自身が物事の本質が分からず、情報や刺激に翻弄されて、苦労するのは眼に見えています。ですから誰もが、何歳からでも、自ら教養を深める努力を惜しまないことが大切です。

生き方というのはテクニックではなく考え方のことですから、よい生き方を望むのであれば、一人で悩まなくても教養を身に付けることで考え方が磨かれます。潤生園は、これから一段と教養を高める機会を設け、皆で学び合い、皆で企業としての体質を強化していきたいと思います。

広く世界と繋がり、見聞を深める

潤生園では2012（平成24）年頃から、韓国、中国、香港、台湾、インドネシア、オランダなど、行政機関や教育機関、医療・介護事業所等の依頼による、介護技術の研修や教育実習の受け入れ、現地に招かれての講演など、人材交流が深まっています。

日本は世界で初めて超高齢社会を経験していますから、これから高齢化が進展する諸外国から注目を集めているのは事実です。また、高齢者介護の先進技術を持っているので、既に様々な事業者から技術を導入している国も少なくありません。

しかし、介護は「人間の文化」であり、単にサービスの種類や技術を模倣しても、基盤になる福祉の「哲学」が欠けていれば、国民性や地域性に適合したサービスの創出は困難であると思います。それに気付いた国々の関係者から「潤生園に学びたい」

と、真摯な呼びかけをいただいています。

一方、日本は必ずしも、介護先進国とはいえない現実もあります。まだ、超高齢社会ではないものの、少子高齢化のスピードが極めて速い韓国においては、既に「地域包括ケアシステム」により、幼児保育から障害者支援や高齢者介護まで、総合的なサービスが地域で提供されている現実を垣間見る機会がありました。しかし、何故かこのような情報は、日本ではあまり知られていませんし、研究者の中にもそのような情報を知らない人が少なくないように思います。

松山大学の松原日出子氏の論文「地域福祉実践における福祉システムの構築」（松山大学論集第27巻第6号 2016年2月）は、韓国の地域福祉の要となる、「総合社会福祉館」の取り組みについて、釜山市に隣接する「金海市の総合社会福祉館」の事例を紹介し、地域住民との連携や組織化の実状を解説しており、日本の地域福祉の実態と照らし合せて、問題点を考察しています。日本が「地域包括ケアシステム」の構築に取り組む上で、極めて示唆に富んだ研究なので紹介しますが、そこには次のように論じられています。

日本の福祉政策のスタートが生活保護制度を中心に発展し、専門職化よりむしろ、官僚制化によった弊害を示唆し、「地域住民の、地域住民による、地域住民のための組織」の必要性を明らかにして、「日本の地域福祉の発展が、遅々として進まないのは、第二次世界大戦以前の、封建的な家族制度の在り方や、戦争遂行のための協力組織であった町内会の在り方に起因していて、未だにコミュニティではない」という指摘です。

更に、「民生委員制度や社会福祉協議会の存在が、地域福祉の進展を遅らせている」という側面にも言及し、「現在の地域にある自由な集団（町内会のほか、子どもの父兄のグループや趣味のグループなど）を組織化できれば、地域福祉のマンパワーとなり得る可能性がある」とも述べています。

まさに、世界的に視野を拡げて諸外国の現状を学べば、日本の不備が見えるのです。だからこそ、改めて広い世界との繋がりが重要だと再認識しています。

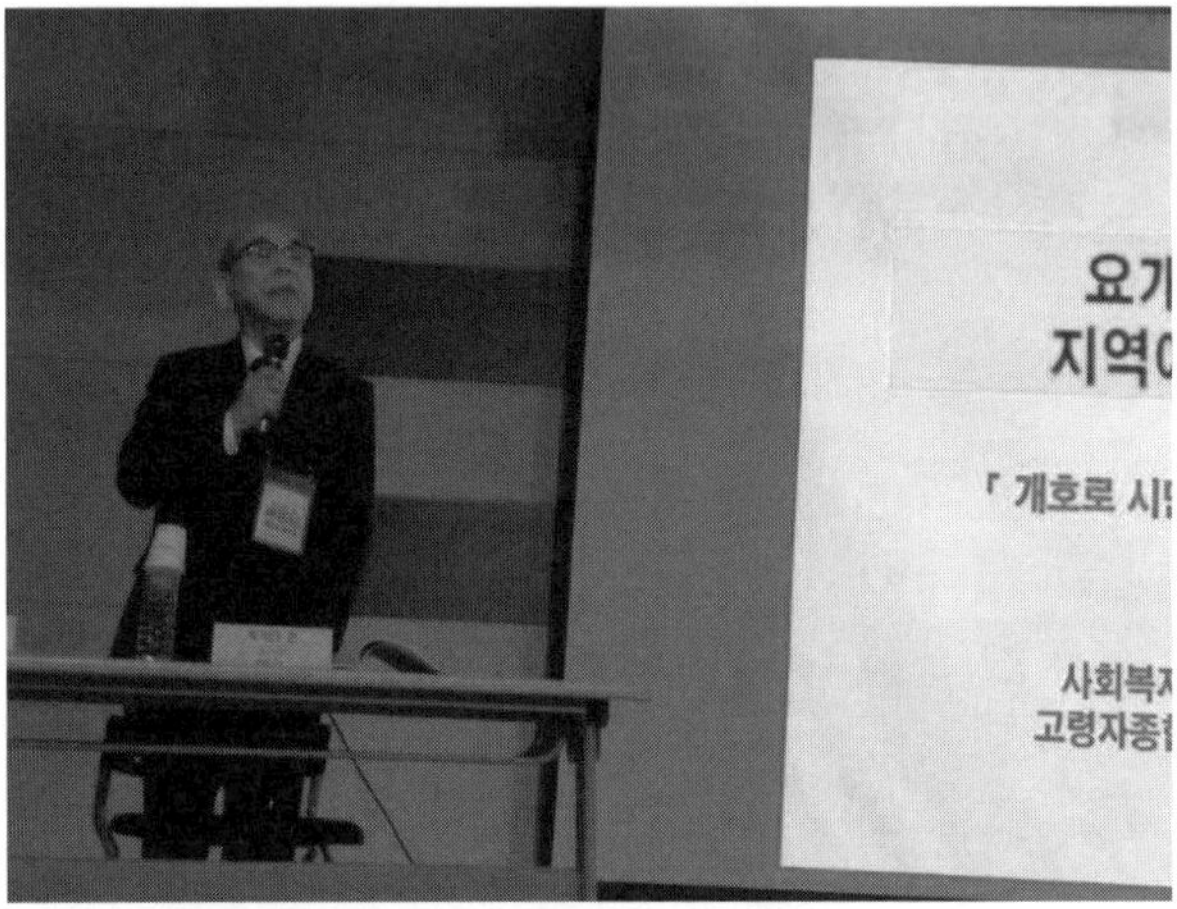

仁済大学社会福祉学科20周年記念行事にて
講演する著者（2016年11月5日、韓国）

同苦する心こそソーシャルワークの真髄

老いの苦しみを理解する

介護の現場で働く職員は、若いスタッフも多く、元気ですから高齢のサービス利用者が抱く老化による心身機能の低下や不自由さ、それによる苦悩などは経験がないので、理解することは難しいことだと思います。

高齢で生きるというのは、実は大変苦労が多いのです。高齢者の人生に伴走するのであれば、理解しようと努める必要があるでしょう。そして、ソーシャルワークには豊かな想像力が必要です。

何か障害があって意のままに活動できないことがどれだけ心に陰を落とすか。また、見えない、聞こえない、自分のことが定かでない場合など、孤独だったらどれほど恐ろしいことか想像できるでしょうか。

人間が家庭を持ち家族を構成するのは、生理的な安定と安全を求めるからです。心の安寧と平安を、孤独の中で得ることは難しいでしょう。

また、温かい手が差し伸べられたとしても、本来、人は自立して生きたい存在です。ですから、他者の助けを借りなければならないのは、悔しくて辛いことなのです。

そして、介護施設に入所する高齢者の多くは、家族に苦労をかけたくない気持ちで住み慣れた家を離れ、我慢して施設で暮らしているのです。

つまり老いることは、単に身体的な面だけでなく、精神・心理的、社会的あるいは霊的な側面まで含んだ、全人的な苦悩なのです。

私たちは、計り知れない個々の苦悩の理解に努め、介護が必要な人がなるべく、心地よく過ごせるように配慮し、全人的に支えなくてはなりません。それは当然と思うかもしれませんが、具体的に実行するのは、容易ではありません。私はこれまでも、繰り返しこのことを皆に話してきました。なぜなら、他者の苦悩を理解するというのは、言葉にするのは易しくても、行動で示すことは難しく、常々心がけが必要だからです。

心がけといっても、私たちの毎日はほとんど曖昧な時間に流され、自ら心の中を覗くことなどなく過ごすことが多いでしょう。まして、他者の心の中を思いやる機会など、なかなか持てません。

しかし介護の現場では、日常的にそのような方々と出会い、心の底に眠る「思いやりの心」を呼び覚ますチャンスに恵まれています。そのチャンスを大切にし、心を動かすことこそ、ソーシャルワークの基本であり、醍醐味でもあるのです。

介護させていただくことの意味

老いに伴う不自由さや、老いの過程で生じる心の痛みなど、様々な苦しみを抱えている人の中には、稀に介護の手を拒まれる方がいます。とくに、認知症の人に多いのですが、おそらく相手の方は不安がいっぱいで、身を守ろうとする反応なのでしょう。私も数え切れないほど、そのような経験をしてきました。安心してもらうには、大変な努力が必要です。

私は、いつしか目の前の介護が必要な人は、私に身を以て訓えるために、私の前に現れてくれたのだと思うようになりました。介護させていただくことによって、私に「老いや病の苦しみ」を訓え、思いやりや献身する心を呼び覚ましてくれる人であり、介護はむしろ私自身のためであると気付いたのです。

介護が困難な人ほどより深い考察や思考、創意工夫を通して、私に介護の仕事の奥深さを訓え、意欲を高めてくれました。

そもそも前述した「愍衆生故生此人間」という、釈迦の教典の一節に出逢ったのは、特養ホームを開設して3年が過ぎた頃でした。自分が今この世に存在するのは、介護が必要な高齢な人の苦悩を救うためであると、生きる目的を自覚したのです。

しかも、その介護の手を拒まれてみて、「使命」を果たすことは私を成長させ、困難により高みに導かれると知りました。「使命」を自覚していれば、情熱は枯れることなく、まだまだ上があると認識させてくれたのです。

この気付きを得た時は、「歓喜」そのものでした。生命の底から喜びが溢れ、介護に対する情熱が湧き上がってきました。そして、目の前の認知症の人に対して、心から献身したいと思いました。

自分は何者なのかは、自ら問わなければ分からないと思います。

人間として生まれてきた以上、全ての人に使命があるのは間違いありません。それは現代語で言えば、「社会貢献」と言い換えることもできます。

「使命」のあるなしではなく、自分が「使命」に気付くか、気付かないかの違いだと思います。

介護は優れた人間教育の場

私たち介護に携わる者は、サービスを利用される方を受容し、謙虚な心で献身し続けると、自然に優しさや思いやりの心が身に付いていきます。まさに、介護は「慈悲」の実践であり、「人間修行そのもの」と言えるでしょう。

介護を10年も続けると、輝くような人柄になる人が少なくないように思います。しかし中には、全く変わらない人がいるのも事実です。介護を義務的に、単なる仕事として携わっていると、心が育たないのだと思います。それを改めて気付かせてくれた実例を紹介しましょう。

ある時、若い職員の高校時代の教師が、入所されている親族の方の面会に見えました。その親族の方の介護を担当していた職員が約1年半ぶりに再会した教え子だった、というわけです。

その教師は帰りがけに、私に面会を求めて来られました。そして、「私をこちらで働かせていただけませんか」と希望されたのです。

理由を伺うと「あの職員の変わり方に驚きました。いったいどんな教育をしたら、あのように立派に成長するのですか。それを学びたいのです」と、話されたのです。

もちろん、働きたいというご希望は丁重にお断りしましたが、職員が「学生時代と全く人が変わった」「立派になった」と褒めていただけたのは、大変に嬉しく喜ばしいことでした。

それは、真摯に介護の仕事に打ち込んだ職員が、仕事を通じて自ら獲得した成長です。全身から滲み出る優しさや思いやりの心が、表情にも言動にも表れていて、教師の心を打ったのでしょう。

もう一つの実例は、やはりご家族の面会によくお見えになる老夫婦が、あるとき私に面会を望まれたのです。ある介護職員を「ぜひ息子の嫁にもらいたい」というお話で、「これまで何人も娘さんを見てきましたが、あのような優しい娘さんを見たことがない。ついてはぜひお世話していただきたい」との依頼でした。

こちらも個人的な問題ですから丁寧にお断りしましたが、このような実例は少なくないのです。

現代社会の風潮の中で、介護職員が培った人柄は見る人が見れば分かるのだと思います。このように、介護の実践は他に例を見ない人間教育の場になるのです。

介護は人格を培う最良の場

「倖」な人とは

潤生園では、国の内外から、多くの専門職や学生達を、様々な研修や見学等で受け入れています。潤生園を開設して10年程経った頃、研修後の感想やレポートを書いてもらうと、「Aさんのようになりたい」と、名指しで羨望を集める職員がいました。

注目して、履歴書や職務歴を確認すると、開設以来長く働いている職員で、介護職としてはベテランですが特別な人ではありません。普通の家庭の主婦で、幼い子供を抱えて働いていました。何とも穏やかな人柄が顔に表れていて、包容力が豊かな印象でした。

私は、現在のAさんの人柄と、履歴書の写真を見比べた時、彼女は入所者から「ありがとう」という言葉をたくさんいただき磨かれた人だと思いました。

人柄はまず顔に表れます。心の温かい人は温かい顔に、冷たい人は冷たい顔になるのですが多くの人はそのことを知りません。

潤生園開設当時は半身不随の入所者の方が多かった時代ですから、逆に認知症の症状のある方は稀で、職員と十分に言葉のコミュニケーションが取れたのです。心遣いが行き届いた介護をすると、入所者からは「ありがとう」と感謝の言葉をいただくことが普通でした。

ですからAさんは、きっとたくさんの「ありがとう」をいただき、輝くような人柄になって、人から憧れられるようになったのでしょう。

私はAさんのことを「なんと倖な人だろう」と感銘し、「幸せ」と「倖」という言葉の違いに納得しました。

辞書によれば、「幸せ」は、「危うく難を逃れた」という意味であり、「倖」は、「思いもよらない幸福」と書かれています。同じ「しあわせ」でも、意味は全く異なります。Aさんはまさに「倖な人」なのでしょう。

現在は介護度が重度化し、多くの方に認知症の症状があるので、介護の過程で言葉のコミュニケーションがほとんど不可能になっています。それでも関わりの中で、双方共に心地よい心の交流を心がければ、職員の人格が磨かれていくのです。

介護が必要な方がいてこそ私たちは人格を磨くことができて、倖になれるのです。感謝する気持ちを忘れず介護に努めたいものです。

偉大な人に共通する他者への献身

世界の大哲学者ゲーテが、生涯をかけて綴った戯曲「ファウスト」の中に、「人間の幸福は他者のために働いていく中にのみある」と、示唆に富んだ言葉を遺していますが、偉人と呼ばれる人々は同趣旨の言葉を数多く遺しています。

幼い頃から偉人伝が好きだった私は、中年に差しかかるころ、偉人と呼ばれる人々の言葉にはある共通点があることを発見しました。それは他者への「献身」こそ人としての責務であり、無上の幸福であり、究極の自己実現であるということです。世界に名を馳せるほどの一廉《ひとかど》の人物であれば自ずと気付いて、後世のために伝えたい真理だからこそ、異口同音に遺したのだろうと思います。

その一人、博愛の実践者であったアルベルト・シュヴァイツァー博士の言葉は、私の人生を決定付けた忘れられない指針の一つです。

シュヴァイツァー博士は、両親が共に牧師の家庭に生まれ、経済的に恵まれて育った幼少期に、「同じ人間なのに、なぜ恵まれた生活の人と、貧しい人がいるのか」と気付き、その矛盾を考えたことが将来に繋がった極めて崇高な精神性の持ち主です。医療者になる前は神学者で、他者への献身が人間の責務であると多くの言葉を遺しています。

アフリカの赤道直下の国・ガボンで、原住民の生命を守る医師として働きました。看護師である夫人も一緒です。

公的な支援を一切受けず、活動資金はヨーロッパでの講演や、プロレベルのパイプオルガンの演奏で調達し、１９５２（昭和27）年に受けたノーベル平和賞の賞金も投じてガボンでの医療と救済活動の資金にし、密林の聖者と呼ばれて生涯を閉じています。

人生において多くの美しいものを手に入れた者は、その代わりに多くのものを提供しなければならない。自分の苦悩を免れた者は、他人の苦悩を軽くしてやる責務を感じるべきである。私たちはこの世に存在する不幸の重荷を、皆で一緒に担わなければならない。

これだけのことを迷いなく言い切れたのは、シュヴァイツァー博士が博愛の実践を通じ、自己実現の境地を覚知しておられたからでしょう。また博士は、「生命への畏敬」という哲学を主張し、人間をはじめとして生命をもつあらゆる存在を敬い、全ての人が自己の生きようとする意志を大切にすると同時に、生きようとしている他の生命をも尊重しなければならない。

と唱えたのです。それは自己と他者、及び、生命あるものとの共存を目指す考え方で、アフリカでの医療活動はまさにその実践であったと思われるのです。

一方、ロシアの文豪トルストイは貴族である伯爵家に生まれ、なに不自由ない生活ができたのですが、そのような立場を顧みることなく、農民や飢えた人々、虐げられた人々のために働き、次のような言葉を遺しています。

人間は、崇高な精神性に目覚めなければ、動物的な生き方に堕落してしまう。自分のことしか考えない人は、決して幸福にはなれない。

そして、彼の日記には、こうも記されていました。

私の生涯のうち幸福な時期は、私が全生活を人々への奉仕に差し出した時ばかりである。学校や農事紛争の調停、飢えた人々や迫害されている人々の、支援に尽くした時である。民衆のために尽くすこと、ただその行動こそが、我が生涯の最高の幸福であった。

また、アフリカ・ケニアの植樹運動「グリーンベルト運動」の創始者であり、女性の地位向上と、社会の民主化に貢献し、２００４（平成16）年ノーベル平和賞を受賞した、ワンガリ・マータイ博士も、次のように述べています。

全ての偉大な人々は自分のためでなく、他者に奉仕する人生を生きてきました。他者に尽くしていく中で、真の人生の満足を感じることができます。自分のことだけ考えていると、不満が出てくるのです。

2005（平成17）年に来日した際は、日本の「もったいない」という言葉を知り、感銘を受けたこの言葉を、環境を守る世界共通語「MOTTAINAI」として広めることを提唱し、率先して活動されました。

そして、橋本龍太郎総理の時代に、韓国の盧泰愚《ノテウ》大統領が来日された際、尊敬する二人の日本人の一人として挙げられた二宮尊徳先生には、次のような遺訓があります。

人と生まれて、衆生を助くる道を勉めなければ、人にして人にあらず。譲り助くることを押し広めれば、天下も以て治まるべきなり。

世にいう推攘《すいじょう》の訓えです。他にも、他者への献身が人の道であると語った偉人は少なくありません。

偉人と讃えられる人々は、様々な苦労を重ねる中で気付き、それぞれ優れた言葉を遺されています。私たちは労せずに真理を知ることができるのですから、真摯に学びたいと思います。

人生の真の目的と到達点

世界保健機関（ＷＨＯ）憲章には「健康の定義」について、「健康とは、完全な肉体的、精神的及び社会的福祉の状態であり、単に疾病又は病弱の存在しないことではない」と定めています。

しかし、高齢者の心身の機能は、成長期や青壮年期の健康とは異なって、介護の臨床から見た知見では、身体機能については「増強より維持を、鍛練より調整」が必要のように思いますし、精神機能については「切磋琢磨より平穏な諦観」がむしろ似つかわしいように思うのです。

その意味で、超高齢期の健康観は、「身体や精神機能が弱まる傾向の中で、前向きに希望を持って生きること」にあります。また、長寿は人生の「目的」ではなく「手段」であり、目的は自己実現（成仏）であるのは、言うまでもないでしょう。

アメリカの心理学者アブラハム・マズローは、人間性心理学の生みの親と言われ、人間の欲求や願望の背後にある、真の目的に注目しました。

マズローは全ての人間が持つ様々な欲求、即ち、物質的欲求、金銭的欲求、精神的欲求、心理的欲求、社会的欲求などを目的ごとにまとめ、それを5種類に分類し、低次から高次に5段階の階層があると提唱しました。それは、それぞれの欲求を満たすことで、満足感や幸福感が得られるからです。

この5段階のうち、「生理的欲求」から「自我の欲求」までは、欠乏するので満たそうとする欲求ですが、「自己実現の欲求」は限界のない成長欲求と位置付けられています。尊敬する東洋哲学研究所所長の川田洋一先生は、その著書「幸せをつくる心理学」の中で述べています。

マズローは晩年になって、「自己実現の欲求」を超えた「自己超越の欲求」を見出し、個人を超越した「超個」の心理学、即ち「トランスパーソナル心理学」を提唱した。それは、大乗仏教の唯識論に通じる「自我意識」が自らを超越して他者、民族、人類、地球生態系へ、更に宇宙へと繋がっていることを見出したのです。

そして、「人類の幸福のための科学や、学問の追求に限界は無く、より広くより深く実践を重ねる、そのプロセスこそが、その人にとっての自己実現なのです」と記しています。

例えば、社会の発展に貢献することに歓びを見出し、生涯実践に努める人々はたくさんいますし、人類の福祉のために精進することに、生き甲斐を感じて尽瘁《じんすい》する人々も少なくありません。それらはより高い欲求、即ち「他者貢献の欲求」に通じるのでしょう。

マズローは、「自己実現の欲求に到達するには、60歳位の年齢が必要だ」と述べたと伝えられていますから、「長寿」を求める意義は、自己実現の欲求を充たす時間的余裕を持つ手段、と言えるのではないでしょうか。

●マズローの欲求５段階説

アメリカの心理学者アブラハム・マズローは、人間の欲求を５段階に理論化し、「第一に生理的欲求が満たされてこそ、次の安全の欲求が生じ、それが満たされて親和の欲求・自我の欲求が生じ、次第に自己実現に向かって成長する」との説を唱えた。これが「マズローの欲求５段階説」と称されている。

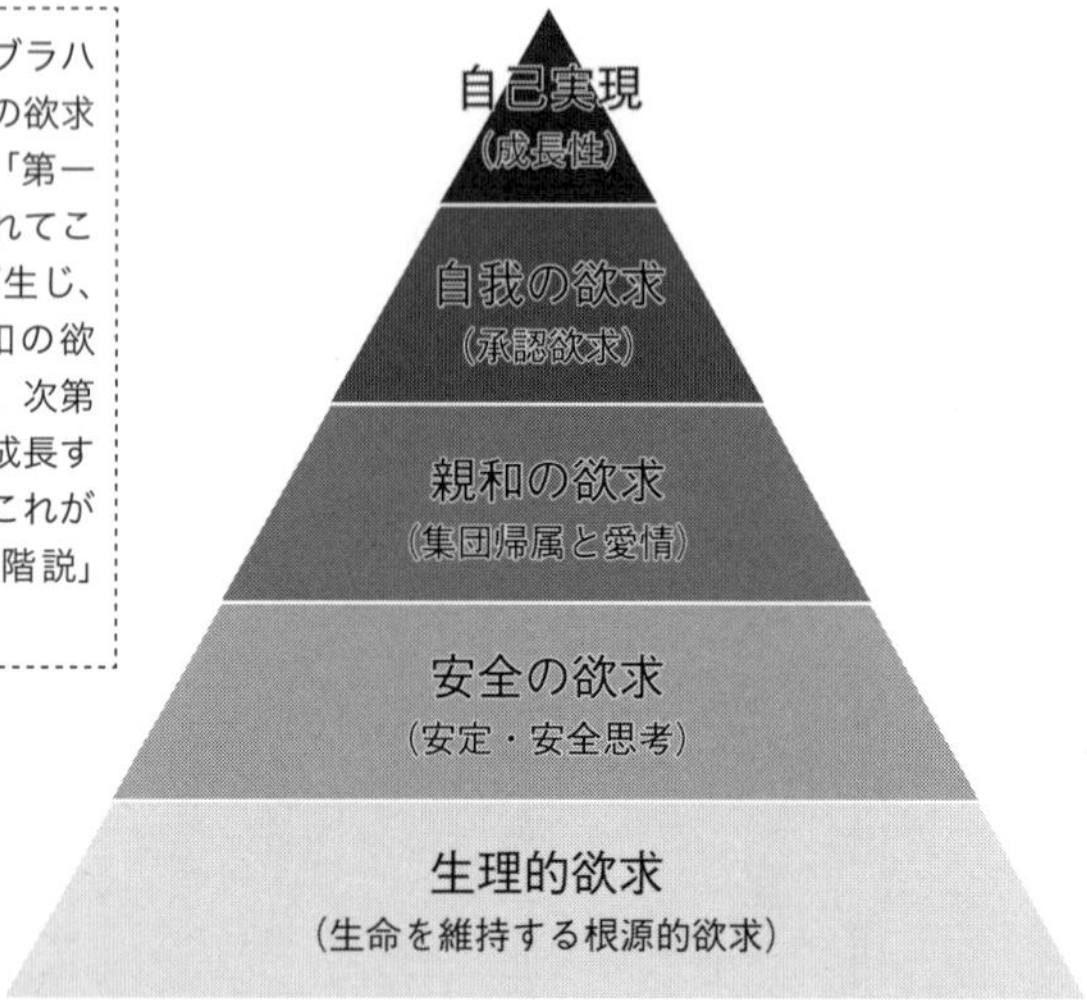

●仏教の生命観から見た人間の７段階欲求説
「人間はいかに生きるべきか」について解き明かした

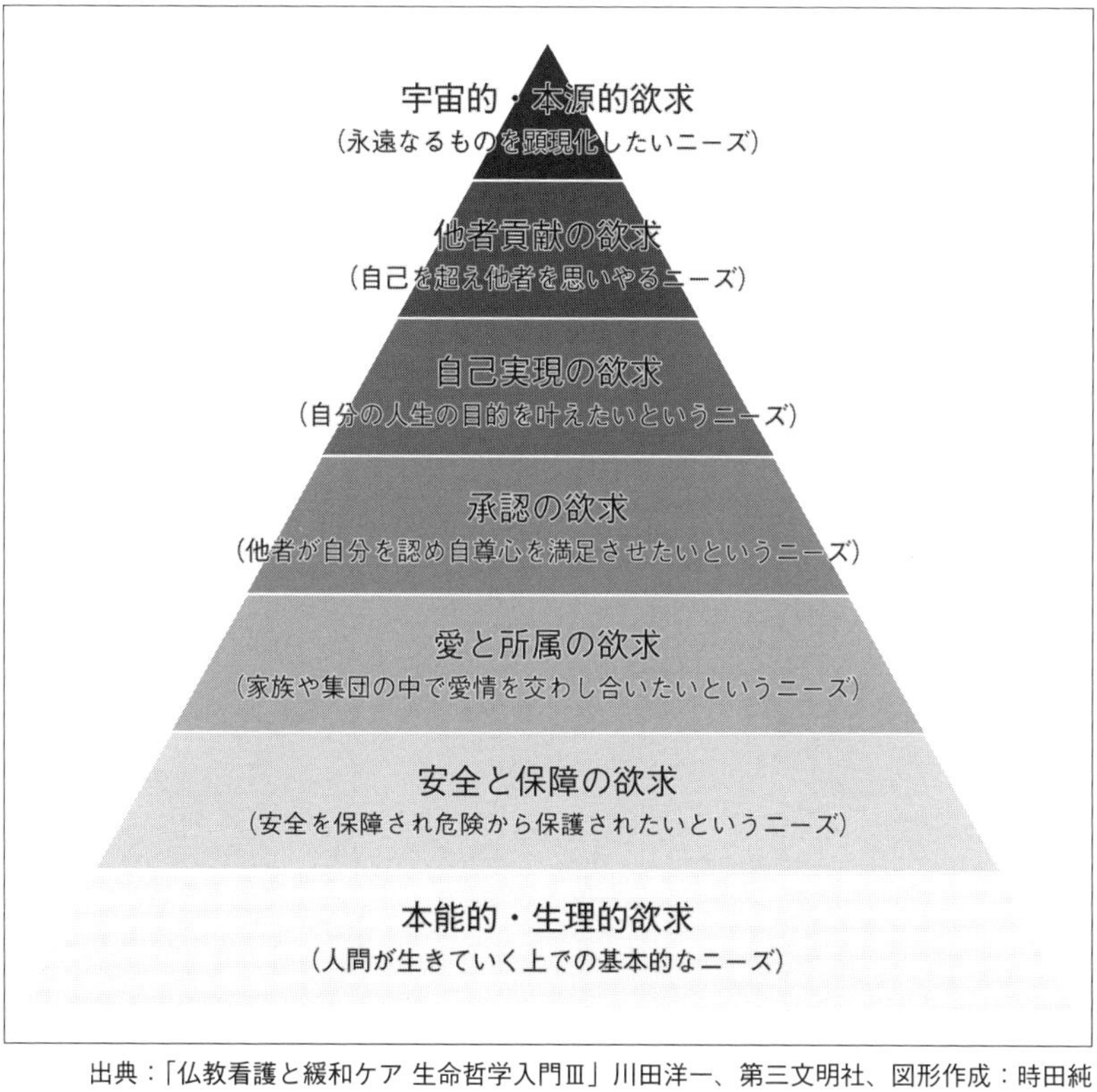

出典：「仏教看護と緩和ケア 生命哲学入門Ⅲ」川田洋一、第三文明社、図形作成：時田純

究極の目的は「宇宙的・本源的欲求」であり、それが真の自己実現の欲求で全ての人々に内在する実態、いわゆる仏法で説かれる「仏界」（悟り）の会得であると思います。生命には「人は善根をなせば必ず栄える」という法則があります。

理想的な人間像とは、その人の人生観に基づいたその人自身のものなのでしょう。私はこれらの哲理を、前述の川田洋一先生の著書「仏教看護と緩和ケア　生命哲学入門Ⅲ」（第三文明社）から学びました。

そして、真の人生の目的は、利己を超えた利他の実践を積み上げ、自己の全存在をかけた浄化によって到達する境地であり、それが即ち「成仏の境涯」であると思います。

ここに、「人は何のために生きるのか」という答えがあると思います。「介護」という「利他の実践」に励む人々が、自己実現を確実にするこの道を、生涯誇りを持って貫き、大満足の人生が得られるように願っています。

介護こそ聖業

介護という仕事以上に、人格を磨ける仕事は他にないと思います。介護は介護者の「人格」で、相手の「人格」に関わる仕事ですから、人格が磨かれるのです。人格は表面的には見えませんが、実は第一に顔に表れます。

介護の仕事は、まず我々自身を相手の方に受け入れていただくこと。即ち、信頼していただくことから始まります。信頼していただけなければ介護はできないのです。認知症の方や精神に障害のある方の場合は、とくに本能的に見抜かれるようです。だからと言って、我々はお互いに未熟な人間であり、立派な人格を備えているわけではありませんから、ひたすら誠実に謙虚な態度で関わらせていただくことが大切です。

ただ一途に、利用者本位の介護に徹することです。仏は三十二相を備えていると言いますが、第一の「相」は顔です。仏像を見ると慈悲深い顔が多いのですが、仏の人格の高さは、顔に象徴されています。目の前の困難を抱えている人の生活を支えることに真摯に努めれば、自ずと人格が磨かれ、慈悲にあふれた仏の顔に近付くことができるのです。仏教の説話に「人のために火をともせば、わが前あきらかなり」とあります。他者のために献身することは、すべて自分自身の善業となるのです。これが因果の理法というものです。

潤生園では、「職員の信条」の第一条に、「ご利用者の期待を上回る感動を提供する」を掲げていますが、それを実現するにはどうしたらできるのか。観察力とコミュニケーション能力、想像力、実践力など、様々な能力が必要です。

介護の仕事は、人間理解を深めて自分自身を豊かにし、人格を培う素晴らしい仕事であると、誇りを持って努めたいと思います。

おそらくこのような仕事は、人間の営みの中では他にないでしょう。それ故に、介護はまさに聖業なのです。

●「隠徳あれば必ず陽報あり」

人間の「生老病死（四苦)」は、生きる苦しみ、老いる苦しみ、病む苦しみ、死の苦しみを言い、介護は、他者の四苦に対する、慈悲、(抜苦与楽）の行為です。中国に、「陰徳あれば必ず陽報あり」という諺があります（「淮南子（えなんじ)」より)。「陰徳」とは陰で徳を積むことで、「陽報」とは、明らかに現れる報いです。他者に対する献身は、自己の人格を豊かに形作り、よい結果が明らかに現れて、必ず報われるという教訓です。

「介護」という行為は、他者の生活の全てに関わり、その人の倖に貢献する聖業です。その行為は、社会の眼には見えない、陰の働きですが、その結果は、必ずよい報いとして現れると教えているのです。

「淮南子」は、中国の学者・劉安（紀元前179年～122年）が学者を集めて編集させた思想書で、その「人間訓」の中に「陰徳あれば必ず陽報あり」と記されている。即ち、人知れず徳を積む者には、誰の目にも明らかなよい報いがあり、隠れた善行のある者には、必ず明らかな結果が現れると説かれている。

「淮南子」には、「一葉落ちて天下の秋を知る」(青桐の一葉が落ちるのを見て、秋の訪れを察するように、わずかな前兆を見て、その後に起きる大事をいち早く察知することをいう）など、多くの教訓が説かれている。

COLUMN

日本の偉人、二宮尊徳先生

戦後、小田原に帰ってきた時、誰もが大変な暮らしの中で、近隣の方々が気遣ってくれることに感動しました。死線を越えてきた緊張を人の温かさが少しずつほぐしてくれました。その時、やはり小田原の人の心の中には、郷土の偉人、二宮尊徳先生の訓えが生きていると思い、尊徳先生の書物を片端から読み、心に刻みました。

尊徳先生は「万象具徳《ばんしょうぐとく》」と述べ、全てのものに「徳（長所や取り得、美点、価値）」があると諭しています。

仏教者である私はこの訓えを、「全ての人は『仏』の生命を内在し、尊い存在である」と説いた釈迦の訓えと共に心に刻みました。

他にも「掻き寄せるだけの獣の手と違って、人の手は他者のために向けることができる」、「風呂で温まりたければ、湯を人に向けて押しやれば、自分に返ってくる」など、分かりやすいたとえ話を用いて、至誠を込めて社会のために譲る（推攘）価値について、多くの訓えを遺しています。

時代が変わっても、人が人として生きる上での大事な心得であり、介護現場の職員教育の教材としても最適です。

　庶民に対して、分かりやすい言葉で生活法を説き、自らも「報徳《ほうとく》（徳をもって徳に報いる）精神」を貫いた尊徳先生の訓えは日本中、否アジア諸国にも広く知られています。

　小田原市はこの点に一層着目し、「小田原の宝」を内外に宣揚《せんよう》すべきでしょう。

第2章

困っている人を見過ごさない

「潤生園」という名称に込めた介護への思いと決意

1977（昭和52）年6月、社会福祉法人小田原福祉会を設立し、翌年5月に特養ホーム潤生園を開設して、高齢者の福祉を目指し事業を開始しました。開設に当たり「潤生園」と命名したのは、釈迦の教典「無量義経」が由縁です。

釈迦が亡くなった後、弟子たちが訓えを集め、書き遺した教典は八万法蔵と言われる膨大な量ですが、その中で最高の教典は、入滅前の8年間に説かれた「法華三部経」です。

その「無量義経」の一節に、「洪潤枯涸《くにんこ こ》」（おおいに枯涸に潤す）という四文字が説かれています。私はその意味を「肉体が枯れ心も涸《かわ》いた人々を、精神的・肉体的に大いに潤す」と読み、そこから大きな啓示を得ました。

この四文字こそ、「高齢者介護の原点」であると気付き、その訓え通り「仏の慈悲（無償の愛）」を根幹に、介護の実践を誓ったのです。

高齢者一人ひとりの個性を大切にし、できないことは援助し、できることはなるべく自立していただき、天寿を全うされるように、真摯に奉仕させていただこう。お年寄りの尊い生命を介護によって支え、介護する人と受ける人が相互に生命の触れ合いを通して、自他の人格を高め合うのが目的です。それができる仕事こそ介護であると確信したのです。

創立満40年を迎えた今、私たちは自他の生命の尊さを理解し、日々高齢者を敬愛し、真心を尽くす中で双方共に「倖」を実感しています。これこそ法人設立の願いであり、実現してくれる多職種の職員の方々に心から感謝を捧げます。

●「潤生園」の名称に込められた意義

「潤生園」の名称は、仏教の経典「無量義経」に説かれた「洪潤枯涸」（おおいに枯涸に潤す）の文に示唆を得ています。

高齢になり身体機能が衰え、精神活動も低下した人々を安心して最期まで過ごせるよう、介護サービスを提供することによって、高齢者一人ひとりが天寿を全うされるように、貢献することを誓って命名しました。

中国の「四書」の一つ「大学」に、「富は屋を潤し徳は身を潤す」という教えがあります。「富は生活を豊かにし、仁徳のある行為は、人格を高める」という意義です。即ち「君子たる者は、教養を深めて徳行に励み、民衆に慕われるように努めよ」と説いています。

「四書」＝論語※・中庸・大学・孟子
「五経」＝易経・書経・詩経・礼記・春秋
※国家や政治に携わるための志等を説いた言葉

潤生園の「潤」は、「水編」と「閏」を合わせた「形声文字」で、王が門の内にこもって、療養する様子を表した文字。病み衰えた高齢者を受容し、心身の苦悩を「潤す」という意味を表しています。

潤生園外観

超高齢社会に備える社会インフラの創造

1980年代の特養ホームは、「生活施設」と呼ばれ、主として入所者の生活を支える場として位置付けられていました。当時の入所者の方は、認知症のある方は少数で、脳卒中の後遺症で半身不随の方や、寝たきりの方が大多数を占めていました。

介護の基礎は「食支援」と位置付け、口腔ケアと経口摂取による栄養改善に努めた結果、寝たきりから離床する方が増え、食事や排泄等が自立できる方など、人間性の回復が顕著に見られるようになりました。

そして、半年ほど経過する頃には生活リズムが整い、利用者と職員間で言葉によるコミュニケーションが取れるようになっていきました。

寝たきりの臥床者や介助が必要な方が次第に減っていく経過を見て気付いたのは、「寝たきり老人は起きられる」ということでした。

家庭や医療機関では、介護知識や介護力がないのでやむを得ず寝かせきりにしていたと分かり、地域にはそのような方が沢山いて、在宅での介護支援が急務だと理解したのです。

一方、ある女性の入所者が毎日車いすで玄関に出て、ご家族の迎えを待っておられる姿を見て胸が痛む思いをしました。そのご家族は外国に移住されたため、親御さんを迎えにくることはできないのですが、それを知らず家に帰りたい一心で玄関に出ておられたのです。

もし、潤生園という施設がなければ、親御さんの了解も取らず外国に行くでしょうか。なぜ一緒に暮らせないのか考えるほど胸が痛みました。施設はその女性にとって倖な場所であるはずはないと、自分で施設を開設しながら思いました。

施設は不自然な場所であり、できれば誰もが入りたい場所ではない、できることなら住み慣れた家や家族と離れず暮らし続けたいと思っていることを、改めて痛感したのです。

このような気付きから、私は二つの決意をしました。

高齢者の多くは自宅での介護力の不足や、家族の都合でやむなく入所され、気心も知れない他人と過ごす不安いっぱいの生活をされている。あまり余生の長くない人たちが、介護を受けるために余儀なく入所されたのだから、決して辛い思いをさせてはならない。潤生園では最高の介護をさせていただこう。離床して生活できるようになったとはいえ、もっと質の高い生活（ＱＯＬ：Quality of Life）の向上を目指そう。

また、一人ひとりの入所者がそれぞれ自立した生活を安心して過ごすために、よい介護とは何か研究を深め、更に在宅で過ごせるサービスを創造しなければならないと決意を固めたのです。

その方法の一つは介護の質を高めるための具体的な研究と、検証結果を踏まえた実践。即ち、介護の科学化です。

もう一つは、入所施設を多数つくるのではなく、相談・訪問・通所・ショートステイなど各種サービスを複合化し、「市民を介護で困らせない」ために地域拠点の整備を目指しました。

サービスは当然単一ではなく総合化し、一体的に提供します。また、来るべき超少子高齢社会の介護・福祉機能を社会インフラとして構築することです。これは現在国が進める「地域包括ケアシステム」であり、先を見据えた大変に高い目標でした。

全てが高齢者個々のＱＯＬを高める実践

高齢者が寝たきりになる原因

潤生園の開設当時は、地域福祉の制度化が遅れていて在宅サービスは全くありませんでした。

介護は特養ホームが主体の時代で、地方自治体と日赤及び社会福祉法人の経営で、他からの参入はできなかったのです。

しかも、経営理念などがない施設が多く、介護の在り方は国の指針を守ることが基準です。そこでは、高齢者の機能を個々に評価し、ニーズに応えて、それぞれの生活の質を上げる実践的な試みなどありませんし、挑戦する考えもなかったのです。

しかし、「生命の尊厳を守る」という理念を掲げ、利用者主体の介護を目指して開設した潤生園は、日課や食事献立など生活の基本を施設側が一方的に決めるのではなく、利用者一人ひとりのニーズを聴き取り、できないことは援助し、できることを増やしながら、なるべく自立していただくことを基本にしました。

そこでまず、寝たきりのままでは体力が低下する上に、各生理機能の廃用が進み、免疫力が低下して種々の感染症や合併症により死を招く恐れが高いこと、心理面への影響も大きいことなど、全職員が理解し介護に反映するよう努めました。

今となっては当たり前のことですが、当時は高齢者の生理機能や生活機能を全人的に考えることは稀で、介護力が低いために寝たきりや寝かせきりにしている施設がほとんどだったのです。

どうすれば高齢者の寝たきりを改善できるか

高齢者を寝たきり状態で放置するのは生きる力を奪うに等しいのですから、介護のプロとして一人ひとりの機能評価と、離床の可能性を探ることにしました。

当時、寝たきり状態で入所された80名の方を、理学療法士が訓練台で座位を試み機能を評価したところ、自力で寝返りができない人でも、1名を除いて全員座位を取ることができました。

また、車いすにお乗せすれば9割の方が自分で操作でき、半身不随でも自力で移動することが可能で、自立の可能性は予想をはるかに超えていました。そのようにして、寝たきりだった高齢者のほとんどが1日の大半を離床して、その人なりの生活を楽しむことができるようになったのです。

離床することによって心身の拘束感は軽減し、高齢者を取り巻く生活環境が人間関係を含めて改善して、施設での生活の不安が和らぎ生きる力が戻ってきました。

まさに、人間性が蘇ったのです。

前述の評価はあくまで当時のことですが、その頃から40年のケアの経験の積み重ねは、要介護度が重度化した現在も「利用者の自立を促し支えるスキル」として、受け継がれています。

潤生園では、独自に次のようなパーソナル・ケア（身の回りの介助）の水準を設け、１９８０年代から内外に発信してきました。それは時を経ても、介護に携わる人の使命として、目指すべき介護の質の基本と考えています。

●高齢者介護施設におけるパーソナル・ケアの水準

1	全身状態	褥瘡ゼロを維持できること
2	移動状況	やむを得ず寝たきり状態におかれる人の比率は10～15%まで。ただし、少なくとも食事介助時には、ほとんど離床が行われること
3	排泄状況	おむつ使用は昼間10～20%、夜間30%まで。ただし、随時交換の励行と、おむつ外しへの努力やトイレでの排泄ができるように働きかけが常に行われること
4	食事状況	病歴や咀嚼力（義歯）の状況などを考慮し、かつ一人ひとりの嗜好に適した「食事」が用意できること
5	機能訓練	一人ひとり可動域は異なっても、誰にでも必要な訓練があるとの認識のもとに、毎日行われること

困っている人を見過ごさない

ボランティアから制度化へ

潤生園では、寝たきりで入所された方が「介護によって起きられる」という事実に気付きました。そこで地域社会には「寝たきり老人」がどんな状態でどれほどいるのか、目を向ける必要性を感じました。在宅介護の制度がない時代ですが、気付いたからには見過ごせなかったのです。

そこで、各自治会の役員の方に案内していただき、「寝たきり老人」がいるご家庭を訪ね実状調査に回りました。各地域には何年も入浴していない人や、身体のあちこちに重症の褥瘡をつくり苦しんでいる人がたくさんいました。

とくに、女性介護者が家庭の狭い浴室で入浴介助をすることがどれほど困難か、一目で察しました。在宅支援の制度がないのでどうすることもできず、多くの方が困り果てていました。

そこで、せめて入浴だけでもさせてあげたいと、1979（昭和54）年6月から無償のサービスを始めました。ストレッチャーでお迎えに行き、施設にお連れして入浴サービスを行い、褥瘡のある方は看護師が医療処置をしたのです。

この取り組みが大変喜ばれ、噂が噂を呼んで広まり、利用希望者が次第に増えていきました。それが現在の「デイサービス」の先駆けです。当時はまだ全国的に実例がありませんでした。

また、同年10月から、在宅で介護され疲れが溜まって、自分のこともままならないご家族を束の間でも休ませてあげたいと、入浴後の高齢者を一晩預かる「ツーデイサービス」と呼ぶ新しいサービスを始めました。それが現在のショートステイの先駆的実践です。

これらのいずれのサービスも自主的なボランティアでした。制度がないとはいえ、目の前に困っている人がいれば見捨てておけなかったのです。これらのサービスは、NHKが伝え聞いて取材に訪れ全国的に放映されました。

特養ホーム入所者の自立度を高めた結果、余力が生まれたところから、在宅支援に力を割けるようになったのです。

とはいえ、県の法人監査では厳しい指摘を受けました。措置費という公費で入所者の介護をする施設が、入所者以外の人を援助するのは公費の「目的外使用」だと指導されたのです。言われてみればもっともですが、それでは困っている人を見捨てておいてよいのでしょうか。そのような制度と現実の板挟みに悩みながら、ニーズは確実に広がり続けたのでサービスを継続しました。

社会福祉法人には、地域課題に目を向けて困難を抱える人を支える使命があると思うのです。しかし制度はそれを認めなかったのです。そこで指摘を受けないように入所者の自立支援に努め、地域のボランティア活動に努力しました。

その実績が実り、5年後の1984（昭和59）年9月、市議会で補正予算が承認され、ようやく制度化された公的サービスを正規に受託し、晴れて在宅支援が可能になったのです。

制度上の矛盾

本来介護や福祉サービスは、困っている人がいれば「制度があればやる」「制度がなければやらない」という冷めた対応では存在価値がないと思うのです。サービスは困っているから利用するので、それに対応しなければ意味はありません。

施設サービスを利用される人と、在宅で介護される人では、全ての面で雲泥の差があります。例えば、特養ホームには低所得者に対する「補足給付」という補助があります。また、おむつ代や洗濯代など在宅では基本的に自己負担ですが、特養ホームでは施設負担です。

これらは制度的な矛盾ですが、現在も残念ながら解消できていません。しかし、在宅介護の高齢者やご家族の苦悩を少しでも軽くする努力は怠れないでしょう。他人の苦悩への気付きがあれば見捨てておけないはずです。

在宅サービスには生活援助や身体介護に加えて、生きがい対策や介護者のレスパイトケアなど、いわば将来を予測した包括的で継続的なサービスが必要です。

個々の利用者にとっては統合された流れの中で、必要な時にタイムリーに提供されるよう、マネジメントされた在宅サービスが重要です。

それを実現するには、制度の枠内だけで考えていては不可能です。制度を超えて「困っている人を見過ごさない」という社会福祉の基本に真摯に向き合うことに尽きるのです。

介護ニーズはサービスがなければ出てこない

社会の全てのサービスは、一般にニーズに合わせてつくられます。しかし、介護や福祉サービスは制度ビジネスですから、制度がなければ利用できません。人は「ないものねだり」はしないからです。

介護は利用者の個々に異なるニーズを満たすものですから、当然臨機応変の対応が必要です。それがプロの創造的適応なのです。

1990（平成2）年4月、小田原市が特養ホーム3施設に、「身体介護」中心の訪問介護を委託してきました。それまでの社会福祉協議会による生活支援中心の訪問介護は、身体介護ができないので、専門職による身体介護が求められたからです。

ところが、市として広報をしませんし、我々が広報することもできなかったのです。また、サービス提供時間は９時から16時で、公務員型のサービスの仕組みです。そのため訪問介護を受託したにもかかわらず、利用者は一向に増えませんし、ニーズは表出してきませんでした。

このような訪問介護が改善できたのは、コンビニエンスストアによる24時間営業の開始がきっかけでした。当法人は社会のニーズを察知して、サービス時間をいち早く「コンビニ（９時〜23時）型」に改良しました。その結果ニーズは急速に広がり、中には在宅で単身寝たきりの高齢者でも、当法人の訪問介護を利用することにより、在宅生活が可能になった人もいました。

当時は介護施設が在宅支援に取り組む例は珍しく、この実践をＮＨＫが知って、同年12月26日18時から30分間、「老人ホームを在宅介護のセンターに」と題して全国放送されました。それだけ社会が在宅サービスの実現を強く期待していた証しであろうと思います。

この実践は神奈川県初の試みで、後に横浜市や川崎市などが追随することになりました。1996（平成8）年には、サービスを24時間・365日型に拡大しました。これもおそらく日本では先例がなかったと思います。

潤生園はこのように、制度がなければ独自にサービスを創造し、検証を繰り返しながらサービスを進化させてきました。介護は生活を支えるインフラですから、「市民を介護で困らせない」という方針に徹し、実践し続けてきたのです。

当時のデイサービスの様子

参加される高齢者の多くは孤独で生きる寂しさを抱えています。デイサービスは、一人で食べる味気なさの解消や生きがいを支える大きな役割があるのです。

多様な在宅サービスを先駆的に創造

在宅支援は24時間・365日型が必須要件

潤生園は1979（昭和54）年から、一つひとつ事業化してきた在宅サービスをパッケージにし、公的サービスの枠組みを超えて、利用者が質の高いサービスを必要な時にいつでも利用できるシステム化を目指しました。

これらの在宅サービスについては、1986（昭和61）年2月28日、NHKが「あすの福祉」と題した番組で潤生園の在宅サービスを取り上げ、私と大阪府立大学の小室豊允助教授（当時・故人）との対談を組み、「ある特養ホームからの報告」として全国放送されました。実はその際、取材に来たNHK局員が、潤生園の在宅支援の場所を尋ねても、誰も知らないので困ったと語りました。それほど施設の在宅支援は、当時まだ珍しかったのです。

また、1992（平成4）年から3年間の継続事業で、日本生命財団から助成を受け「施設を拠点とした在宅ケアシステムの開発実践事業」を実施しました。それは今、国が進めている「地域包括ケアシステム」をイメージしたものです。

要介護の方やご家族が在宅で普通に生活できるように、サービスを24時間・365日型に構築し、「包括的」「継続的」にシステム化する事業でした。

ところで、配食サービスを実施する契機となったのは、1989（平成元）年当時、週休2日制が導入されたことに伴って、地域の小売店も週休2日の営業になったことから、在宅の高齢者が食材を購入できなくなり、また、出前もなくなったため、食事に困る家庭が続出し、行政も対応に困る事態が起きたからです。

そこで、潤生園が単独で取り組むのではなく、地域と共に配食サービスを創り出すため、市の福祉担当者をはじめ、自治会、地区社協、民協、婦人会、老人クラブ、ボランティアグループ等による「地域福祉推進協議会」を組織し、事務局を潤生園が担って、自治会総連合会長に会長を委嘱し推進体制を整えました。

早速会議を開いて課題を整理した結果、今すぐにも13名の方が配食支援を求めていることが分かり、潤生園が食事の提供を申し出て、地域で配食を担うことになったのです。

しかし配食の担い手はいつまで待っても決まりませんでした。地域力の脆弱さは明らかで、事態は急を告げているのに解決の目途が立ちません。

そこで、潤生園がボランティア活動として配食も担うこととし、当初は土日を除く週5日のサービスを開始しました。

実際に配食をしてみると、配食を担当する職員から「利用者の食生活の問題は深刻で、見捨てておけない」と、土日も配食をしたいと申し出がありました。

とはいえ施設にとって土日は職員配置が手薄になるので、配食の人員確保が困難です。そこで地域でボランティアを募り、企業をリタイアされ元気で問題意識の高い地元の方々と協議し、「ボランティアグループ虹の会」を結成しました。

活動拠点を施設内に置き、機材備品を整備した事務所を設置して年間30万円の活動費を補助し、自主的活動を支援しました。この会は次第に会員が増え60名を数えるまでになり、その後、自立して施設外に事務所を構え、現在は移送サービスを立ち上げて、独自の活動を展開しています。

在宅での家族介護は24時間・365日間断なく続きますから、利用者ニーズに添ったサービスを構築するには24時間・365日型の支援システムが必要です。

そこで配食、ホームヘルプ、ショートステイなど、24時間・365日切れ目のないサービスを順次整備していきました。まさに特養ホーム潤生園は、介護施設に在宅介護機能を複合化した地域の総合サービス拠点になったのです。それが「高齢者総合福祉施設」を名乗るタイミングでもありました。

既に介護者家族による在宅指向の高まりが感じられ、「最期まで家庭で介護したい」

というご希望も増えていました。潤生園のホームヘルパーがご家族と共に在宅で看取るケースも出始めていたのです。

「何のため」の在宅支援か

このような在宅支援を開始したのは、介護保険制度が始まる20年余り前からのことですが、介護の社会化を現実化するためには「包括的」「継続的」な仕組みを整えることが必要でした。

その絶対条件は、24時間・365日の在宅サービスが、切れ目なく提供されることです。

家族が共働きされているため、介護者が1日中不在で、単身で寝たきりの場合でも、ホームヘルパーが複数回訪問すれば、在宅で過ごすことができました。

認知症があるために目が離せない高齢者のケアを行う通所サービスは、7時から21時まで延長し、毎日通所できる体制にしたところ、家族は夜間だけ介護をすればよく、仕事と介護の両立ができ離職の心配もなくなりました。

一方、在宅介護の支援ニーズが増大する兆しが見えていたにもかかわらず、サービス提供が十分な地域と、不十分な地域の格差が生じ始めていました。

もし、地域の介護サービスが不十分なら、誰かがその仕組みを整えなければ、問題は解決できないのです。介護施設は地域の社会資源です。潤生園は既にその時点で住民と共に、地域の課題を解決するため率先して働いていたのです。

人材の確保が訪問介護の成否を決める

神奈川モデルの訪問介護の創造

話は少々前後しますが、国は１９８９（平成元）年に、訪問介護事業の制度改正を行い、サービス提供主体を多元化するため、長年介護経験の蓄積がある特養ホームに、身体介護のホームヘルパー派遣事業を委託できるようにしました。

それを受けて１９９０（平成２）年、小田原市は特養ホーム３施設に常勤ヘルパー１名分の人件費を補助し、身体介護のヘルパー派遣事業を開始しました。潤生園は前述の通り、１９７９（昭和54）年から自主事業で在宅支援に取り組んでいたので、在宅サービスの鍵となるヘルパー派遣事業には大いに期待しました。

しかし、サービスを受託した当初は市による広報もされず、利用者は増えませんでした。ところが、1992（平成4）年3月に状況は一変しました。「神奈川県在宅老人福祉促進検討会議（阿部志郎会長）」により、「在宅老人福祉サービス基盤強化策の検討報告書」が出され、神奈川県のホームヘルプサービスの現状について、「ニーズが多様化する中で、とくに早朝や夜間、休日のニーズに応えていない」と指摘があり、サービスの効率的な運営を図るため、ホームヘルプサービスはチーム運営方式を採用し、ニーズに対応するよう示唆されたのです。

神奈川県はこれを機にサービスが先行している小田原市に「ホームヘルプサービスの時間拡大モデル事業」の実施を託し、小田原市から潤生園に事業の具体化が委託されたのです。

それ以前のヘルパー派遣事業は市直営や社会福祉協議会が実施し、サービスは滞在型のヘルパーが固定で、提供時間は9時から16時、土日祝日は休日という公務員型のサービスでした。しかし、モデル事業ではサービス時間を7時から22時まで延長し、土日祝日も利用可能とし、必要なら1日に複数回訪問して、多様なニーズに応えるサービスシステムを構築することが求められました。

潤生園は前述の通り、既に日本生命財団から「施設を拠点とした在宅ケアシステムの開発実践事業」として、24時間・365日型ホームヘルパー派遣を3年間の継続事業で実施していた時期と重なり、県のモデル事業を並行して実施することにしました。そのためには様々な問題解決が必要であり、日本の訪問介護の歴史を塗り変えるシステム構築の機会に恵まれたのです。


訪問介護をシステム化する上で最も重要な基礎的条件は、第一にサービスを安定的に供給する行政の熱意であり、第二はニーズに応えていつでも質の高いサービスを提供できるマンパワーの確保です。

この「人材確保と育成」は現在でも最も困難な課題ですが、当時もハードルは極めて高いものでした。

訪問介護に参加して早朝や夜間、休日など、通常とは異なる時間帯に働いてくれるヘルパーが必要ですから、「ホームヘルプサービスの時間拡大モデル事業」はそれ自体、計画的に無理があったのです。

中でもパートヘルパーは、所得税非課税枠の範囲内（当時、年収１０３万円以内）で働くことを希望する人がほとんどで、まして早朝、夜間、休日などに働ける人は稀でした。

また、社会の趨勢は労働時間の短縮ですから、ヘルパーの立場になれば時代に逆行した時間拡大で、年中無休のサービスが始まるということになります。

しかも身体介護のサービスは専門性が求められるので、誰にでもできるわけではないのです。

専門学校などの福祉教育では、在宅での個々のニーズに柔軟に対応するスキルを身に付けることなど到底不可能でしょう。その認識が事業の計画段階では見落とされていたので、マンパワーの確保には新しい発想が必要でした。

日本初の訪問介護員養成研修事業

潤生園はこの課題に対し、日本生命財団からの助成財源の一部を活用し、独自に人材を養成する道を選びました。

国の「ホームヘルパー養成研修事業実施要綱」に基づき、神奈川県知事に認可を申請し、1992（平成4）年10月から、独自に即戦力となるホームヘルパー1級の養成研修事業に着手したのです。社会福祉法人が独自に人材養成研修事業を実施するのは、日本初の試みでした。

受講生は少人数に限定し、年間10名・3年間で30名の養成を目標にしました。

テキストは「財団法人 長寿社会開発センター」から購入し、全カリキュラムを修了した後は潤生園の職員として採用し、現場経験を通して多様なニーズに応えられる即戦力の人材養成機関を設置しました。

その結果、翌年1月から一期生10名がヘルパー派遣チームに加わり、365日型ホームヘルパー派遣事業をスタート。以後、人材養成事業を継続して、サービス提供実績を重ね、1996(平成8)年4月には、24時間・365日型サービス体制を構築しました。

利用者本位の臨機応変のサービスに対応できる優れた人材を育てるには、教科書的な職業倫理を教育するだけでは不十分です。個々のニーズに気付いて真心込めたケアを提供する人材は、生命の尊厳と人権尊重の理念を身に付け、介護を利用される高齢者を敬愛し、利用者とご家族の負担に代わり困難な事例を経験する中で、人格を磨くことが必要なのです。

ところで、ホームヘルプサービスを「チーム運営方式」で行うのは、言うまでもなく24時間・365日型サービスがそもそも単独では対応できないからです。そして、サービスは病態の変化を予測したアセスメントと、ケアマネジメントによる提供が必然だからです。

ヘルパーが単独で単身高齢者や経済的に困窮する人々を対象に、週1、2回、短時間の支援を行っていた時代の活動形態によるサービス提供は、在宅介護が必要な人の増大や、ニーズが多様化・複雑化し、多職種連携が不可欠な現在では、適切でないことは明らかです。

訪問介護サービスの質も、チームケアは単独型より優れていて、利用者本位に適していています。利用者がなぜ在宅で暮らし続けたいのか、チームの全員が理解・共感しサービスを組み立てます。更にチームケアのもう一つの成果は、看護師や理学療法士、作業療法士などセラピスト職との連携が標準的になり、職員間のコミュニケーションが活性化し、互いの理解が深まりミッションの目的や成果が共有され、職場環境の改善にもなったのです。そうした結果、サービス提供量は飛躍的に伸びていきました。

サービス内容で特徴的だったのは、配食サービスをホームヘルパーが携行して食事介助を行うなど、ホームヘルプや他のサービスと複合化することで、多様で柔軟な支援ができるようになったことでした。

24時間・365日型の利用状況を分析したところ、家族がいなければサービスを提供するが、家族がいれば提供しないということでは、対応できない社会であるということが明らかになり、介護の社会化が喫緊の課題であると、認識を新たにしたのです。

COLUMN

時代が求める人間主義の経営

今、企業経営は、人間主義の経営が求められています。まして人の生活を支える介護や福祉事業は、人間主義の経営でなければ維持できません。介護や福祉事業を経営する上で、認識していなければならないアーンスト・キマコウィッツ博士（スイス・人間主義経営センター）の言葉を紹介しておきましょう。

博士は人間主義経営を実現する上で、次の三条件を提言しています。

（一）人間の「尊厳」を無条件に尊重する

ビジネスは、ともすれば競争原理に基づき利己主義になりがちである。人間の「尊厳」を尊重するには勇気が必要である。他者の幸福は自身の幸福と深く結び付いていると確信する人は怖れず、勇気が出せる。

（二）全ての意思決定に倫理的配慮を反映する

倫理的配慮のもとで意思決定を行うには、確固たる目的観が欠かせない。その目的観は知恵によって育まれる。

(三) 全てのステークホルダーと対話をする

対話は、心を開き、分かち合うことが目的である。異なる文化や宗教、思想的背景を持つ人々が、共生する現代においては、対話が重要である。ビジネスにおける対話には「全ての人が、かけがえのない存在である」という、「慈悲」の心構えを身に付ける必要がある。

ステークホルダーとは、利害当事者のことです。対話ですから、一方的な報告ではありません。ビジネスでの対話に「慈悲」の必要が説かれていることに感銘します。時代が求めるビジネスで成功するにも、教養を高める学びが必要なのです。

第3章

食は「いのち」を支える生活基盤

在宅生活の基礎を支える配食サービスの経緯

「食の力」の発見

潤生園は、１９７８（昭和53）年の施設の開設直後から月１回、地域で一人暮らしをしている高齢者を招いて食事会を始めました。社会的な孤立を防ぐ目的で、自治会や婦人会から声を掛けていただき、家庭では普段食べられない、少々贅沢な手の込んだお料理を一緒に食べるためにちょっとおしゃれをして来ていただき、参加者同士の交流を楽しんでいただくことにしたのです。

１９８８（昭和63）年のデータになりますが、神奈川県は、ショートステイが全国第１位、デイサービスは第６位で、介護サービスの先進県でしたが、食事サービスは平塚市・秦野市・相模原市で地区社協や市民グループによる年数回の食事会が催される程度で、生活を支える毎日の配食は県内にはまだなかったのです。

この食事会が発展し、昼夜2食、３６５日型の配食サービスが生まれたのは、神奈川県共同募金会から助成金を受け、潤生園が地域福祉モデル事業として配食サービスを委託されたことがきっかけでした。

ちょうど週休2日制が普及し始め、週末など食料品店が休業し、出前も取れない状態が全国的に広がってきた頃でした。神奈川県は、１９９１（平成３）年3月「在宅老人福祉推進検討会議（阿部志郎会長）」を設置し、行政各部局・研究者・配食実施自治体によるサービスの具体化に着手しました。

小田原市では老人生活実態調査をしたところ、1日1食しか食べていない人が4%、昼食を抜いている人が18%もいることが分かりました。とくに高齢世帯や単身高齢者の困窮されている実態が明らかになり、潤生園がボランティアで推進することにしたのです。

当時、フレイルという言葉は、まだありませんでしたが、高齢者の虚弱を防ぎ安全を見守るために、一人ひとりの咀嚼力や嗜好に配慮した配食が必要でした。

1992（平成4）年から国が予算をつけ、配食サービスは1993（平成5）年から、小田原市が公的サービスとして制度化したのですが、公的な配食は「1日1食」に限られ、以前から2食届けているのに縮小はできないので、従来通り1食分はボランティアで配食を続けることにしました。

基本的な食生活は1日3食で、食事のない在宅生活は成り立たないのですから、何を根拠に「1日1食」なのか、苦々しい思いをした記憶が残っています。

しかし、配食によって体調が改善したとか、退院後の在宅生活が可能になったなど、食事の力の大きさを改めて認識しましたし、医療関係者から感謝されるなど、社会の励ましに背中を押されて配食を続けることができたのです。

配食に携わる職員も、食事による栄養の提供と食事を届けた時に交わす語らいが、高齢者達の生きがいになっていると実感し、誇りと歓びをもって続けられました。

新しいことへの挑戦は困難を伴うものの、そこにはたくさんの学びがあり、思いがけない成長があるということも確信したのです。

生命は「創造」である

潤生園でのこれまでの介護を振り返ると、制度に先駆けての開拓的なモデル事業の実践の繰り返しであり、創造と変化の歴史であったと自負しています。

中でも「昼夜２食、３６５日型の配食」や、嚥下《えんげ》機能に障害がある人でも口から食べられる「介護食の開発」は、全ての経過が鮮明に蘇り、感慨もひとしおです。

従来のやり方や慣習にとらわれず、介護現場で起きるあらゆる変化に関心を持ち、問題を掘り下げて研究を重ね不可能を可能にしてきました。そして、一度完成したノウハウも更に検証を重ね、新しい創意工夫に挑戦し続けたのです。

例えば、介護食の開発については、段階的に目標が変化していきました。

・初期段階：入所者が「食べたい」と望む食事を食べさせてあげたい

・第2段階：入所者や配食の利用者に、いたわりと癒しの食事を提供したい
・第3段階：「様々なタイプの嚥下障害」に対応する介護食を開発したい

といった具合です。

毎日の変化は微々たるものでも、昨日よりは今日、今日よりは明日、常に創意工夫の歩みを止めないことが大きな成果に繋がり、職員の成長に繋がったと思います。自分たちが真に納得できる福祉サービスの追求であり、社会の発展に役立つための挑戦で、苦労は少なくないものの充実していました。

私たちの心身を形成している細胞も、一定のスピードで新しい細胞と入れ替わっているのですから、即ち「生命とは創造」であり、人間は常に創造を繰り返しているのです。

毎日新たな創造に努めることで、生命は躍動し輝きを増します。こうしたことを私たちは普段「やりがい」とか「生きがい」と言うのではないでしょうか。

栄養改善が高齢者のＡＤＬ＆ＱＯＬを劇的に変える

嚥下障害の発見と研究

潤生園を１９７８（昭和53）年に開設し、高齢者の「寝たきりになる一次要因」が主として「低栄養」であり、それが引き金になり体力や免疫力が低下して、生活機能が減退した結果であると分かりました。

この新しい発見によって、「食はいのちを支える基礎」であると認識し、入所者の栄養改善と、寝たきりからの自立を促す介護を続け、ほとんどの入所者がベッドから離床し、食事と排泄の自立に成功しました。しばらく寝たきりでいた人でも、栄養状態が改善すれば、起きて活動する意欲が蘇るのです。

その後4年を経過した1982（昭和57）年に、私は食堂で異様な光景を目にしました。食べたものを噴水のように口腔から辺り一面に吹き出して苦しむ、脳卒中後遺症のある人の姿でした。

また他にも認知症があり嚥下障害のある人が少なくなく、脱水による発熱が原因で病院に転送すると、そのまま亡くなるケースが続出しました。熱が下がればホームに戻って来られると送り出した入所者がなぜ死期を早めてしまうのか。深刻な問題意識を持って嚥下障害の研究を始めることにしました。

国会図書館まで行き諸外国の文献も検索しましたが、求める文献は見当たりませんでした。当時まだ嚥下障害の研究は世界的にもなく、極めて先駆的な研究への挑戦となりました。

現在は摂食嚥下障害とリハビリテーションなど、高齢者の医療や介護に携わる人たちの関心の高いテーマですが、当時は先例がなかったのです。

しかし、偶然にも久留米大学の平野実教授の存在を知り、お願いして文献を入手し嚥下機能について理解を深めました。

それは耳鼻咽喉科専門医の文献でした。そこには様々な嚥下障害の原因や背景、嚥下障害と死期との関係なども記述されており、嚥下機能の重要さが理解できました。しかし、平野教授との電話での会話では、嚥下機能の研究はしているが、そのような患者を実際に診たことはないということでした。実例はまだそれほど少なく、社会の関心も低かった時代です。

そのような状態ですから、病院の対応が十分でないのは当然です。また、潤生園に比べて介護職員が少ない病院へ患者を転送するのは、かえって死期を早めると改めて認識したのです。

例えば、当時の病院の栄養管理には、必要な摂食嚥下機能評価や、低栄養リスクの高い人に対する栄養アセスメントなどなかったのです。

「介護食」の研究開発の経緯と結果

そのような状況ですから、自主的に研究する必要があると認識し、

①嚥下障害がある人も経口で食べられる食事の研究
②経口摂取と非経口摂取による生理機能への影響
③免疫機能と経口摂取の関係性

など、様々な観点から経口摂取の可能性を研究し、議論し、それが自ずと「介護食」研究と開発に繋がっていきました。

折しも、在宅高齢者の栄養障害について研究されていた関東学院女子短期大学・家政科の手嶋登志子教授（故人）と巡り合い、共同研究者として参画していただき、研究に弾みがつきました。

嚥下障害があっても、経口摂取が可能で、栄養を改善することができる食事を手探りで研究することとし、3つの課題に着目して研究を進めました。

①食形態の工夫

どんな粘稠度の食べものがむせずに飲み込むことができるか。これには当時、手嶋教授と研究を共にされていた赤羽ひろ助教授（当時）から助言をいただき、飲み込みやすい粘稠度について調査し、その後多くの食品の粘稠度を研究し献立作成に役立てました。

②食べる姿勢を保持する工夫

どんな姿勢で食事をとれば、スムーズに飲み込むことができるか。

③誤嚥を防ぐ食事介助の工夫

誤嚥させないために、食前にはどのような配慮が必要か。また、一口の食事量、あるいは姿勢の補正など、介助時にはどのような配慮が必要か。

など、現場において具体的に実践する中で、スキルの習得に努めたのです。いずれも困難な課題でしたが、現場から多くのヒントが得られ、数年に亘り研究を重ねました。

例えば「食形態の工夫」では、「粘稠度」に着目し、車いすで居眠りをしていた男性入所者の口元から垂れていた「唾液」の物性を調査し、その粘稠度に等しい食品を創る研究です。

当初は牛乳をゼラチンで固めて、唾液の物性に近いプリンをつくり、試作を繰り返して納得のいく「ミルクプリン」ができました。

これを嚥下障害の入所者に試食していただき、次第に適切な介護用食品がつくれるようになり、遂に理想的な「介護食」が作成できました。初めは「救命食」と名づけましたが、後に「介護食」という名称に変更しました。

今では一般的に「介護食」という名称が使われていますが、農林水産省の資料でも、「介護食」は潤生園が開発したことを紹介しています。

共同研究者の手嶋教授は、この「介護食」研究について、１９８３（昭和58）年から１９９１（平成３）年に亘り、日本栄養改善学会において「嚥下障害と介護食に関する研究」として発表し、同年10月、手嶋教授と共に私も日本栄養改善学会賞を授与されました。

その後も創意工夫を続け、「介護食」のレパートリーはあらゆる食材に応用できるようになり、１９９０（平成２）年頃からは常食と同じ献立を、「介護食」にアレンジして提供できるようになりました。

以来、入所者全員が経口摂取できるよう個別支援を徹底し、一人ひとり異なる咀嚼力や嚥下機能に対応し、適切な個別食を提供することが可能になりました。

また、食事は「食べたい」と思ってもらえる食事でなければ、心身を癒す食事にはならないのです。そこで季節感や食べる人の食経験を加味した献立や行事食、味の変化、盛り付けなどにも配慮しています。「食事は目で食べる」とか「おふくろの味」など、誰もが食へのこだわりは強いので、それを生活の中で大切にしています。

一時はなぜ嚥下障害の人を病院へ送らないのかなどと一部のマスコミ関係者に不審

がられましたが、終末期の入所者の意に反して心身の負担になる医療から守ることに、信念を燃やし続けました。

この「介護食」については、浴風会病院副院長・篠原恒樹先生（当時）から、助言と激励をいただいたことを付記しておきます。

「介護食」についてのマスコミ報道

「介護食」は、最期まで口から栄養補給できる唯一の手段で、潤生園の「経管栄養ゼロ」の看取りに欠かせない大きな役割を果たしています。

そのことを一早く報道したのは、1987（昭和62）年5月5日の毎日新聞（故・安田陸男記者）で、「在宅介護の知恵」というコラムで紹介されました。次いで、同年9月14日、朝日新聞（大熊由紀子記者・現国際医療福祉大学大学院教授）が全国版のコラムで「敬老精神」と題し報道した結果、大反響が巻き起こり、見学や取材が全国から跡を絶ちませんでした。

また、1994（平成6）年10月にはNHK（Eテレ）が、「すこやかシルバー介護」という番組で、「楽しい食事の工夫」シリーズとして、4週連続で全国放送しました。

その後、NHK(Eテレ)は1996(平成8)年5月にも「すこやかシルバー介護」で、「呑み込みが悪くなった人の食事」について潤生園の「介護食」を収録し、全国放送されたのです。これらを通じて、潤生園の名は一躍全国的に知られるところとなりました。

とはいえ摂食嚥下機能や介護食について、注目が高まった昨今だからこそ、忘れてならないのは口腔環境の整備です。

終末期における摂食嚥下障害では、食形態や食事の姿勢、食介助の在り方など、「口から食べられない」要因が少なくありません。そして口腔ケアと義歯装着の適正化は、経口摂取や誤嚥性肺炎の予防に不可欠です。

ですから介護に携わる私たちは、食事の内容とともに、口腔環境を見直すことから要介護高齢者の食支援が始まることに、強い関心を持たなくてはなりません。

今こそ、生活を支える我々が食介護について、真にプロになることが重要です。

口から食べることの重要性の理解

ところで「口から食べること」が、なぜ重要なのか、再確認しておきましょう。

①食事を楽しむことで、本能としての食欲が満たされ、味覚や触覚など五感に刺激を与えることによって、大脳機能が刺激され、生命維持機能が活発になる
②食欲が満たされなければ、体力や免疫機能が減退し、生きがいを喪失して、生きる意欲や希望が失われる
③口から食べることで、唾液の分泌が高まり、口腔内の自浄作用が働き、誤嚥性肺炎の予防に繋がる
④消化系器官は使わないと、消化・吸収、排泄という一連の機能が低下し、免疫力が弱まる

等の関係からです。

また、認知症の人の多くは栄養状態が改善すると、周辺症状についても軽減する可能性が少なくないのです。

日本はひと頃「高齢者の胃瘻《いろう》大国」などと嘲笑されるほど、経管栄養が行われていましたが、栄養計算は十分されていても経管での栄養摂取は口から食べることと異なり、人の心理や感情・生きる意欲などのほか、腸管免疫系への悪影響があることの認識が乏しいのではないかと思います。

「食は生命を支える根幹」であり、食支援は「いたわり」そのものだと思うのですが、シスター・鈴木秀子先生（聖心女子大学教授）は、著書「死にゆく者からの言葉」の中で、大原紫苑という女性の言葉を次のように紹介しています。

私は、人の心が癒される早道は、手料理にあると思うのです。心が病めば当然身体も弱っているでしょう。まず身体に力をつける必要がありますね。よい食事で身体を強めることは大事ですもの。でももっと大切なことは、手料理に込められた「いたわり」を一緒に食べてもらうことではないでしょうか。

これは私も、大変共感している言葉です。介護が必要な高齢者の生活を支える者は、心に止めておかなければならない言葉として知っておきたいものです。

潤生園の介護食の一例

ミルクプリン（最初の介護食）

介護予防にも公的な「食支援」が必要

高齢者の食事の傾向性について

医療や介護の専門職の間では、高齢者の介護はまず食事ケアが重要という認識が広まってきたように思います。しかし、介護予防のケースも含めて、「在宅高齢者」に対する食支援の必要性は、国や地方自治体の認識もまだ十分ではありません。

まして、一般的に高齢者の多くの方に食事支援の必要性があるなどとは、ほとんど理解されていないと思います。飽食の時代と言われてきたので、まさか低栄養の人が身近にいることなど理解できないでしょう。

また、「高齢になれば食が細くなるのは当たり前」、「動物性蛋白を減らし野菜中心」

など、本人や家族も誤解している人が多いのではないでしょうか。

あるいは、青壮年期に記憶した栄養指導に固執し、低栄養の予防が必要であるのに、粗食を心がけている人や、痩せることの怖さを知らない人も少なくないように思います。

更に高齢者の中には、買い物や調理、後始末などが面倒になり、疲れるからという理由で、食事量や食事の回数を減らす人もいるようです。

一人暮らしや高齢者世帯に限らず、家族と同居の場合でも家族が不在の際は昼食は抜きにし、排尿を減らすために水分摂取を控えるなど、危険予知が疎かになる人も少なくありません。

また、単身や高齢者世帯では、食事を味わい楽しむ機会が減り、食べなくなってしまうことによって低栄養を招く恐れもあるのです。

日本における栄養施策の研究者で、医師の豊川裕之博士（故人）は、次のように述べていました。

生理学的には、超高齢になると満腹感の喪失や、味覚機能の低下など変化が起きてくるので、満足感や味覚を楽しむことが少しずつ減少してくるのです。

また、

高齢者にとって食事は、実は青壮年期よりも強い欲求があり、それは「生きることへの執着」であり、食べられなくなれば死ぬという、強迫観念を持つ超高齢者は多い。

ということです。さらに、

高齢になるほど個人差が目立つようになり、若年寄りもいれば、矍鑠《かくしゃく》とした人もいるように、個人差は加齢と共に広がっている。

優れた高齢者は楽しみながら、その能力を更に維持し続けることができ、逆に劣る人は引っ込み思案になったり、意欲をなくしたりして、益々能力を喪失する傾向があり、能力の差は加齢と共に広がる。

このことは、体力・知力だけに限られることなく、人格や精神的側面においても認められる。したがって、高齢者に対する対応は、年齢だけで画一的に取り扱うのではなく、体力・知力に加えて全人格的な配慮が必要である。

（2001年2月8日、於：神奈川県社会福祉会館）

とも。これらの説は現在にも全て適応する知見であり、大事な視点を遺されています。

いずれにせよ高齢者の場合、老いること、病むことなどへの不安や孤独、喪失感といった「心の陰り」が食欲に影響し、内臓萎縮や唾液・胃液等の分泌量の低下など、栄養を消化・吸収する機能の低下も否めません。

また、食べるとむせるとか、口の中でバラバラになり食べにくい食物は避け、食べ易いものだけ食べているうちに、食べられるものが少なくなって献立のバランスも悪くなり、食欲が落ちて悪循環に陥る人など、食事を巡る問題は年を重ねるごとに深刻になる傾向があるのです。

農林水産省が推奨する「スマイルケア食[*1]」を始め、既製の介護食品市場は拡大していますが、介護食品の存在すら知らず、「どこで売っているか分からない」「経済的負担が大きい」などの理由で、「介護食」が必要と思われる人の数値から試算した市場規模に達するには、まだ相当の時間が必要でしょう。

公的な食支援の必要性

そもそも在宅には、介護予防から要介護度の高い人まで、多様な高齢者が居住していますから、それぞれに適した支援をする必要があるのです。

我が国では、1992（平成4）年に、配食サービスに対する補助が制度化されましたが、自治体の財政的な見地からでしょうが、申請しても抑制傾向が見られ、制度が有効に機能していません。

介護予防の基礎は食支援が不可欠な要件です。最近、高齢者の低栄養がクローズアップされ、２０１８（平成30）年から厚生労働省は栄養障害の予防を重点施策の一つとした、フレイル対策をはじめとした「高齢者の特性に応じた保健事業」を、全国的に本格実施しました。

とはいえ、ほとんどの高齢者は複合的な疾患を抱えているので、画一的な基準は適合できず、高齢になればなるほど個別性が強まるので、現在でも80歳以上の人の「栄養所要量」の基準値は設定できていないのです。更に言えば、ほとんどの高齢者は長年身に付いた個別の食習慣（生活習慣）があるので、医療や栄養などの専門職でも家庭生活への介入は難しく、改善を図るのは容易ではないと思われます。

食生活は食物の調達から、排泄までの一連の過程のどこに問題が起きても、「低栄養」や「フレイル・リスク」になるので、表面的な事柄だけにとらわれず、生活全体をアセスメントして、総合的な視点でマネジメントする必要があります。

低栄養による悪循環で、要介護度が高まる高齢者を地域から出さないために、高齢者の生活を支えてきた介護職が経験と実力を発揮する時が来ているのです。

介護職は高齢者の食べる機能や、栄養とフレイル、栄養とリハビリの関係など、必要な基礎知識を身に付け、低栄養やフレイル・リスクを早期発見する力を培う必要があります。

日本とは制度が全く違いますが、ニュージーランドでは40年も前から在宅高齢者に基礎栄養の確保として、1日1食の配食サービスを「外来医療センター」から提供しています。

行政が公的に保障するミニマムサービスとして、日本でも全国的に実施する必要があると思います。毎日の配食が温かいコミュニケーションの機会や、生活のアセスメントの機会、緊急事態への対応になることは言うまでもないでしょう。これも私が1990（平成2）年から繰り返し提言してきたことです。

「排泄の自立」こそ人間の自立の基本

人間性の回復のために

排泄は人間の生理の中でも最も重要な機能ですが、高齢になるほど心身の様々な機能が低下し、排泄が順調でなくなることが男女共に多いのです。とくに、要介護状態になり、他者に排泄の世話をしてもらうのは死ぬほど辛いことです。

幼児でも２歳くらいになれば、排泄は自立して親の手を離れますから、まして大人が排泄行為を他人に依存しなければならないとなれば、これほど辛い思いをすることはないでしょう。

その上、排泄の失敗は自尊心（プライド）を傷つけ、混乱させて、絶望感を与えてしまいます。ある女性高齢者がおむつを着用するようになった時、「私はこれで人間でなくなった」と言われました。介護に携わる私たちは、その辛さを分かってさしあげなければなりません。安易な尿道カテーテルの装着やおむつの使用は、なるべく避けなければいけないのです。

潤生園では排泄の自立を図るため、様々な研究を行ってきました。まず、居室にセンサーを設置して真性失禁者を調査した結果、当時のデータですが真性失禁は僅かに7％でした。更に、個人の排泄間隔を記録し、個別に時間を把握してタイミングを計り、トイレ誘導することで失禁の回避に努めました。また、開設当初から、様々な障害のため車いす生活をする人についても、排泄が自立できるようにトイレの設備を工夫し、可能な限り自立支援に努めてきました。

それでも年齢を重ねればいつかは人の手助けが必要になるので、その時には心理的ダメージを和らげ、安心して任せていただくために、日頃から信頼を積み重ねるよう

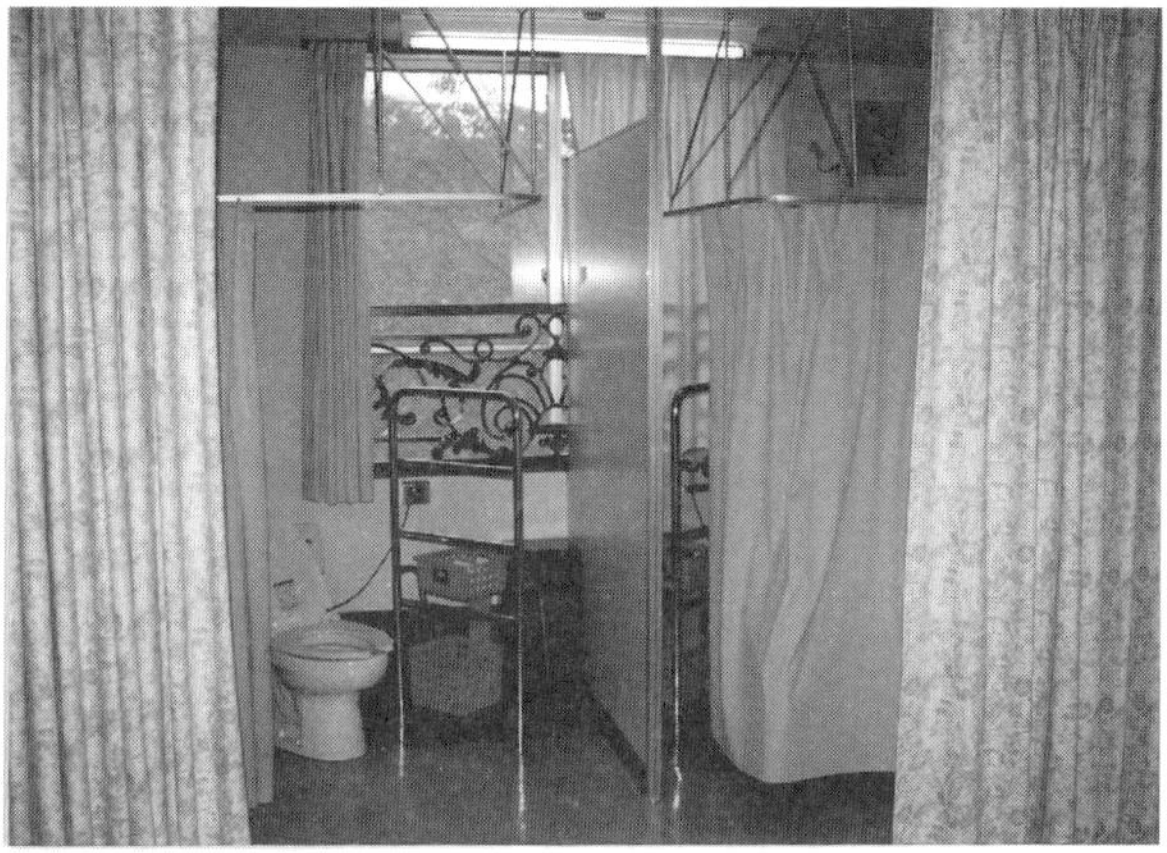

排泄の工夫

排泄行為はできれば他人の手を借りたくないものです。このハシゴ型のバーは半身不随の方でも身体を寄せかけ立位できて、自力で排泄できるよう工夫した器具です。

に努めました。
それらの結果、多くの方の排泄の自立に成功し、笑顔が戻ってきたのです。まさに、排泄の自立は「人間性の回復」の基礎であり、個人の尊厳を守る最重要のケアなのです。

（＊1）農林水産省が介護食品の市場拡大を通じて、食品産業ひいては農林水産業の活性化を図ると共に、国民の健康寿命の延伸に役立つ食品として、これまで介護食品と呼ばれてきた食品の範囲を整理したもの。健康維持のために栄養補給が必要な人向けの食品は「青」マーク、噛むことが難しい人向けの食品は「黄」マーク、飲み込むことが難しい人向けの食品は「赤」マークで表示し、食べる人の摂食・嚥下機能に応じた「新しい介護食品」の選択を促す取り組み。

COLUMN

天啓の言葉

人生のある時期に、自らの存在目的について悩み、改めて生き方を決める時があるようです。「ターニングポイント」と言うのでしょう。

私の場合は、間もなく50歳という時、これからについて思い巡らす中で、アルベルト・シュヴァイツァーの次の言葉に出会った、その時でした。

　人生において多くの美しいものを手に入れた者は、そのかわりに多くのものを提供しなければならない。自分の苦悩を免れた者は、他人の苦悩を軽くしてやる責務を感じるべきである。私たちはこの世に存在する不幸の重荷を、皆で一緒に担わなければならない。

アルベルト・シュヴァイツァー博士は、ゲーテを人間の理想像として尊敬し、自己の生涯を中央アフリカ・ガボンの人たちへの献身に捧げました。

私は、地方公務員から市議会議員として、市民の声を自治体の政策に反映することを務めとしながら、何か自分自身の心が満たされない感情があり、別の使命があるのではないかと悩んでいた時でした。

この言葉がすとんと腑に落ちて、以後、迷うことなく老いて病む人々のための理想的な介護を目指し、社会福祉法人を設立して、残りの人生を高齢者の介護に賭ける決意をしたのです。

そう決心してからというもの、次々に感動的な示唆に巡り合いました。例えば、あの偉大な科学者アインシュタイン博士が「人間は何のために生きるのか」と問われて、即座に「人は互いに奉仕し合うために生きるのです」と答えたと知りました。

また、文豪トルストイが日記に、「私の生涯のうち幸福な時期は、私が全生活を人々への奉仕のために差し出した時ばかりである」と綴っていたと知り、心から感動しました。

これらの多くの示唆を得て、私の決意は揺るぎないものになったのです。

第4章

認知症は「天与のもの」と受容する

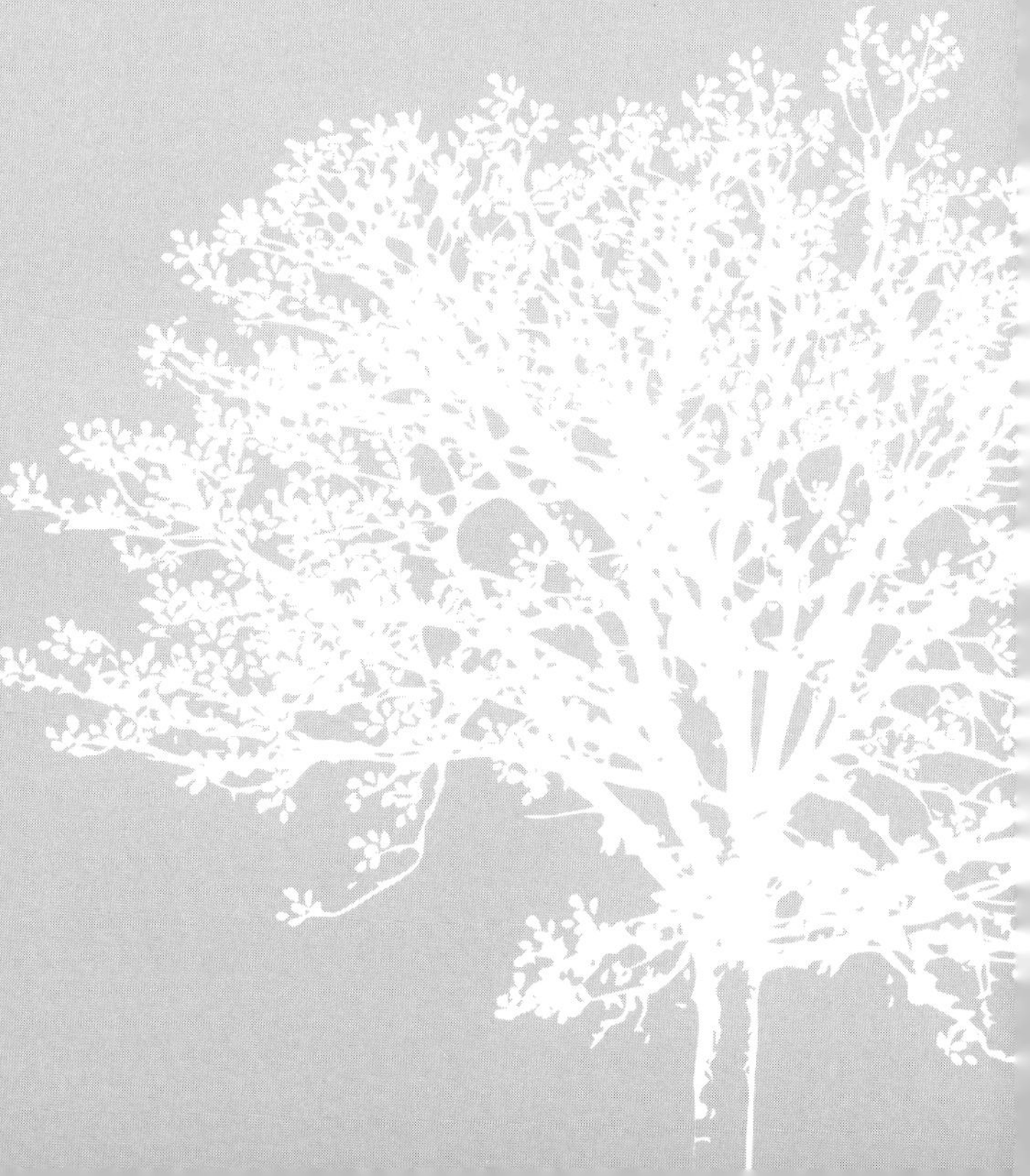

認知症は人間が生きる自然な姿ではないか

不断に求める「安らかな生活」

特養ホーム潤生園（定員50名）を1978（昭和53）年5月に開設した際、小田原市から第1号の入所者として措置されてきた人は、重度の認知症の方でした。

当時は認知症を「ボケ」や「痴呆」と呼んでいた時代です。認知症についての文献や情報はほとんどなく、どう対応すればよいのか全く手探りの状態でした。

また、今でこそ認知症は病名になっていますが、当時は「病気」なのか「症状」なのかさえ定かではありませんでした。なお、特養ホームは制度的に広域施設ですから、全国どこからでも入所が可能です。そのため市内はもとより横浜市の各区福祉事務所をはじめ、近県の幅広い地域から入所申し込みが殺到しました。
いずれも切実な事情を抱え、どの家庭もご家族が疲労困ぱいされ、直ちに対応しなければ生活が破綻するか、虐待が起きても余儀ない状態でした。相談員や施設長も、どうにもならないもどかしさに、共に悩む事例が多かったのです。

当時は全国的に認知症に対応できる施設は少なく、精神科病院を背景にした先行施設が全国に数カ所あるだけでした。

しかも特養ホームの中には、居室の構造が「座敷牢」のような驚くべき施設さえあったのです。また、重度認知症の人の介護は精神科病院の患者への対応と同様で、ホルマリンなどの臭気が強い異様な施設もありました。

1970年代から現在までの認知症ケアの変化やケアの視点等の概要は、次の表のような変遷を辿ってきました。

●認知ケアの歴史的変遷

年代別	ケアの変化	ケアの視点	ケアの概要
1970年代	混乱と試行錯誤によるケアなき時代	理念も方法論もないケア	どう関わったらよいか分からず隔離や拘束が行われ、人権への配慮などなかった
1980年代初期	問題行動抑制型や放任型ケアの時代	行動を抑制するケアや回廊式廊下により自由に歩き回らせるケア	つなぎ服を着せたり、閉じ込めるなど抑制的な対応や、歩き回らせるケア
1980年代中期前半	問題指向型ケアの時代	問題行動の原因を探りながらのケア	原因が本人にあるという視点でアプローチするケア
1980年代中期後半	残された可能性に着目したケアの時代	個別の可能性を探る研究的なケア	MRO（モディファイド・リアリティ・オリエンテーション）や回想法などにより変化を期待した集団アプローチとして行うケア
1980年代後期	本人を取り巻く環境に着目したケアの時代	安心と安らぎを与え、豊かに過ごせる環境に着目したケア	建物や構造・設備・介護者を本人にとって心地よい環境として整えるケア
1990年代	認知症の人の立場に立った全人的ケアの時代	できないことをしてあげるケアから社会指向型の新しいケアへ	一人ひとりの個人が、人として普通の暮らしができるように支えるケア
2000年代	認知症に対する社会的な理解が浸透してきた時代	ノーマライゼーションと人権尊重によりその人らしく暮らせるケア	24時間のアセスメントでケアプランを立て、その人らしさを尊重した専門的ケア

潤生園の認知症ケアの経緯

潤生園の認知症に対する基本的な認識は、「一番困っているのは本人であり、どうすれば安心してもらえるか、安らかな生活が提供できるか」という視点です。

そして、全ての責任は介護者である我々にあると自覚し、介護の在り方を試行錯誤しながら、研究と検証を重ねました。

認知症の人のケアの基本は、個人の尊厳とプライド（自尊心）の尊重であり、具体的には、

・自然排便コントロールとおむつゼロの実現
・徘徊ゼロの実践
・トラブルゼロによる安眠の確保
・五感に働きかける食事ケアの重視
・心理的満足感を充たし情緒の安定を図る
・常にかたわらで安全安心を守る

などに努め、ハード面・ソフト面について、様々な試行錯誤を繰り返しました。

①1978（昭和53）年5月　特養ホーム潤生園を開設（当時は行政が措置入所を決定した人を受け入れる施設で、施設側に選択権はなかった）

②1984（昭和59）年4月　神奈川県第1号の「重度認知症専用特養ホーム」の指定を受ける

③1991（平成3）年4月「ファミリーケア」の理念を導入し、グループごとに専任スタッフを配置し、疑似家族としてグループごとに「生活を楽しむケア」を実施

④1993（平成5）年　既存の4人室と4人室の間仕切りを可変式に改修し、日中は8名単位のグループを構成して、グループごとの「MRO（モディファイド・リアリティ・オリエンテーション）」を実施

⑤1994（平成6）年　認知症の一人ひとりの能力レベルを「潤生園式評価スケール」を用いて、「生きる力」と「生活感覚」の残存能力を点数化して評価

し、得点の近似値の人によるグループ化を図って介護を実施

認知症に関わる行政の制度政策への参画

私はこの間、次の通り行政の政策形成に参画しました。

●1985（昭和60）年4月から「神奈川県社会福祉施設トータルプラン策定検討委員会」に委員として参画

●同年10月から1999（平成11）年まで、小田原市老人ホーム入所判定・痴呆性老人処遇委員会委員長を務める

●1999（平成11）年10月から「小田原市高齢者介護サービス体制整備支援事業介護認定審査会」委員長を務める

●2000（平成12）年6月から「厚生省高齢者痴呆介護研究研修センター・ケアマネジメント研究会」に委員として参画（アセスメント・ツールの標準化、ガイドライン作成に関わる）

●同年9月から「厚生省痴呆介護研究検討会委員」として参画

●2003（平成15）年6月から「厚生労働省痴呆性高齢者ケアマネジメント推進モデル事業中央検討会委員」として参画

「潤生園式老年期痴呆の知能評価スケール」の研究開発

1994（平成6）年「高齢者の痴呆を総合的に評価する方法論の開発と臨床的応用」を公表し、同年10月、平成6年度老人福祉施設実践研究優秀賞（全社協・全国老施協）を受賞しました。

この論文の冒頭には、次のような目的が記されていました。また、調査の概要及び結果は後述のとおりです。

人口の高齢化に伴う、老人問題が多くの関心を集め、なかでも老年期痴呆は「ぼけ老人」という、侮蔑的な表現を含めて、社会の各領域から関心が寄せられている。入所者に対する介護や生活援助に際しても、この「痴呆」の問題は、様々な障害となっており、適切な介護を提供するためには、様々な側面から能力の判定を行うことが必要となる。

従来から、痴呆性老人の知的能力・生活能力等を評価する方法としては、多くの研究者により種々のスケールが考えられ、臨床応用されている。

例えば、わが国で最も広く使われている、「長谷川式簡易知的機能評価スケール」による、スクリーニングテストをはじめ、「阪大式メモリースケール」「慈恵医大式簡易精神老化評価尺度」「慶応式臨床機能検査」などのほか、欧米で使用されているものも、十指を超えるスケールがある。

当ホームでも、それらのいくつかを用いて、情報収集に利用している。しかし、これらのスケールは、その人のごく一面を評価しているに過ぎず、全体像を掴むには、更に複合的な情報が必要であると考えた。そこで今回、我々は「長谷川式テスト」に加えて、「独自のパズル」による「生活感覚の残存能力の評価」及び、「ADL」の3つの評価により、相関関係を調査・統合して、痴呆性老人を総合的に評価し、介護の臨床に役立て効果を上げているので報告する。

具体的には、介護現場で「長谷川式テスト」が０点の重度者でも、書道の用紙を前に置いて、墨を摺り、筆を持ってもらうと、立派な文字が書ける人はいるのである。

したがって、介護者は評価スケールを鵜呑みにせず、一人ひとりの残存能力を見極め、人間らしい生活支援に努め、よき理解者の使命を果たしたいものです。

調査の概要及び結果

（１）調査の対象

１９９３（平成５）年10月現在の、入所者１００名全員を対象としたが、重度の失認・失行・失語により、意思表示ができない人と、入院中のため調査できない７名を除いて、検討対象者は93名であった。

（２）調査方法と調査内容

以下の３種類のテストを、評価表を用いて看護師が施行した。

①改訂長谷川式簡易知能評価スケール（以下ＨＤＳ－Ｒ）／認知症のスクリーニングに汎用されているので、言語的な知的能力を検討する目的で使用（30点満点）

②パズル／形体や種類の異なる野菜・果物等の木版を、個別に合うようにつくられた窪みにはめこむ。主に「生活感覚」の保持能力を評価する目的で使用（18点満点）

③ＡＤＬ評価／日常生活に必要な最低限の排泄・食事等を６項目に分け、自立２点、一部介助１点、全介助０点とし、生活能力を評価する目的で使用（12点満点）

（３）分析方法

対象の入所者を日常生活の過ごし方と介護の必要面で、次の基準により３群に分け、上記した３種類のテストを行い比較検討した。３群の分類基準は以下に拠る。

1群＝日常生活がほぼ自立または一部介助が必要（30名）
2群＝臥床者及び痴呆症状はあるが徘徊や不潔行為がなく通常居室可能（29名）
3群＝徘徊・不潔行為・異食等があり重度専用棟で介護が必要（34名）

（4）結果と考察

3つの群別に、3種類のスケールによる調査結果は次のページのとおり。当然の結果ですが、施設での生活能力（生活感覚）の高い人ほど、評価得点が高い傾向が読み取れます。認知症は知的能力が低下すると共に、ADLが低下し介護や介助が必要な部分が増加することは、経験的に知られています。この調査結果によっても、知的機能を評価するHDS－Rと、パズルの得点は概ねADLや生活能力と相関関係が見られます。

しかし、一部の入所者は、我々が評価の際によく用いるHDS－Rでは0点にもかかわらず、パズルやADLでは高得点を示し、相関関係が見られない人がい

●調査結果

	HDS-R（30点）	パズル（18点）	ADL（12点）
1群	20.1	16.6	9.5
2群	6.8	7.7	3
3群	4.3	10.3	5.7

ることに気付きました。

我々は入所者を把握する際に、評価し易く客観的に数値化できるＨＤＳ－Ｒを知的機能（能力）評価の中心にしがちですが、このテストでは対象者の能力のごく一部を見ているに過ぎないことを、認識し直す必要があると気付きました。

生活を日々行うためには、記憶・見当識・一般常識など、ＨＤＳ－Ｒで評価される能力がもちろん必要ですが、同等あるいはそれ以上に生活感覚や動作性能力、及びＡＤＬも併せて重視しなければならないことをこの調査は示唆しています。

また現在、治療が困難とされ、ＨＤＳ－Ｒで痴呆と評価された人でも、別の側面から能力を見ることによって、自分らしく生きることができ、生活の質（ＱＯＬ）の向上も可能性があると思われました。

この研究により、要介護高齢者の知的機能や生活能力等については、多方面から評価する必要を認識しました。

個々の知的能力の評価は重要ですが、「生活感覚」と表現するような総合的な情報の把握がむしろ現場では重要です。

――――

今後更に研究を積み重ね、障害を抱える痴呆性老人の、介護面からのよりよいケアの在り方を探りたいと考えています。

認知症の方を地域で支える政策への期待

今もなお世界的にしのぎを削っている「認知症治療薬」の研究開発は、果たして必要なのでしょうか。

もちろん認知症の人の期待は分かりますし、将来を危惧している人の心情も理解できるのですが、少なくともこの40年間薬物の成果は期待はずれではないでしょうか。

私はこの長い期間、認知症介護の現場に携わり、潤生園からの認知症ケアとして、多数の研究論文を発表してきました。

多くの認知症の人の状態を見てきた経験から言えば、認知症の人だからと特別視し、治療法をあれこれ模索するよりも、一人ひとりの日常生活をなるべくＱＯＬの高い状態で支える介護が重要ではないかと思っています。

それでなくても、高齢になればなるほど心身機能の低下は避けられませんし、認知症になる確率は高まるのですから、今や認知症は世界的にも高齢社会の象徴であり、多くは発症すると治癒不能で、現在認められている薬物も、認知機能障害の進行をいくらか緩和する程度だと言われているのです。

認知症の有病率は、厚生労働省の最新データによれば２０１２（平成24）年時点で４６２万人と推定され、65歳以上の高齢者の15％と、驚異的な数値が公表され、予備群（軽度認知障害）を加えると８００万人と発表されました。また、認知症の生涯罹患率は50％で、２人に１人が罹患すると推定されています。これはもはや病気というより、運命であると受容したほうがよいと思うのです。

アメリカのレーガン元大統領が、「私は、アルツハイマーと告げられています」と国民に手紙を出したのは、１９９４（平成６）年でした。イギリスのサッチャー元首相も認知症になりました。

頭や体を使っても誰もがなる可能性があるということでしょう。

私はかねてから認知症は避け難いものであり、加齢に伴って出現率が高まるので老化そのものではないかと考えてきました。そして、認知症であっても普通に暮らせる温かい社会を創ることが必要だと、在宅サービスの充実に努めてきたのです。

また最近ショッキングだったのは、２０１７（平成29）年11月16日付読売新聞が、認知症医療の第一人者と知られ、知能検査の診断に用いる「長谷川式簡易知能評価スケール」の開発者、精神科医の長谷川和夫先生が同年10月の川崎市での講演会で、「自分の長い診療経験から、認知症であるのは間違いない」と、ご自身が認知症であると公表されたと報じたことでした。

認知症は「天与のもの」というかねてからの主張が裏付けられた思いを一層強くしました。長谷川先生とは講演やシンポジウム、研究会などでご一緒した経験が多いので、今後の生活のご平安を祈りたいと思います。

ところでわが国の医療は、世界でも珍しいフリーアクセスが認められ、医療依存度が高い国と言われています。それは医療信仰と言っても過言ではないほどです。

しかしそれで国民は倖なのでしょうか。

「文藝春秋」２０１５（平成27）年5月号では、「患者が知らない医療の真実」と題した特集で、群馬大学病院での８人の致死事件、ノバルティスファーマによる高血圧薬ディオバンのデータ改ざん事件、健康診断の基準見直しの疑惑などを報じ、記事では各地で医療を巡る事件が頻発し、国民の不信感が急速に拡がり、医療を問い直す必要性が伝えられました。

とくに衝撃的だったのは、順天堂大学大学院の白澤卓二教授が「医学部エリートが病気を作っている」と告発し、「健康診断は無意味です。受ける必要は一切ありません。場合によっては、むしろ害悪になるケースすらあり得る」と語っていることです。

また、国立長寿医療研究センターの大島伸一名誉総長は、「このまま２０２５年になったら、医療システムは間違いなく崩壊する」と警告し、「本来医療は、公共財を使ったサービスですから、限られた資源を患者の状況に合わせ、配置することが当たり前なのに、そういった公の精神が失われつつあります」と「超高齢社会の医療のかたち、国のかたち」（グリーン・プレス刊）の中で、危惧され、あまりにも速い高齢化による変化に対し、政策や医療界の対応の遅れに警鐘を鳴らされています。

これまでの医療・介護の長い歴史を検証し、新しい価値観に基づく社会システムの構築が喫緊の課題ではないかと思うのです。それには第一に、国民の意識転換が必要ですし、国民生活の安定のためには政治の速やかな決断が必要だと思うのです。

政府は2015（平成27）年1月、これまでの認知症施策の誤りを認め、新たに「認知症施策推進総合戦略（新オレンジプラン）」を策定し、10省庁が連携して、認知症の当事者やその家族の視点を重視した高齢者に「やさしい地域づくり」を推奨しました。

一般会計の3分の1を占めるほど社会保障費が膨張し、既に財政負担が困難な状況ですから、政策の大転換は避けられないと思うのですが、抜本的な具体策は示せずにいます。

現在、団塊の世代が全て75歳になる2025年を目指して「地域包括ケアシステム」の構築が進められているとはいえ、在宅ケアの最大の担い手であり、最も期待されている訪問看護師やホームヘルパーの確保の目途が全く立たないのが最大の隘路《あいろ》です。ちなみに訪問看護師やホームヘルパーのいない在宅ケアは成り立ちません。人は一人になっても住み慣れた地域から離れ難いのですから、まずは自分が暮らす地域に目を向けて、それぞれの地域が自主的に助け合いのコミュニティを復活させるしか方法はないと思うのです。

長寿社会の最大の財産は高齢者であると改めて認識しています。とくに今の70歳代は10年前の60歳代と同程度の体力を保持し、知的能力は更に蓄積されていますから、この活力が活かされ互助精神が喚起されれば、地域再生は可能だと思われます。

その意味で、中高年の方々にはリタイア後のライフステージでは、ご自身の健康や経済的自立のため、また社会貢献のためにも働かれることをお奨めします。

認知症の方をどう理解するか

潤生園の認知症ケアは、1978（昭和53）年、特養ホームの開設時から一貫して認知症の人の尊厳を守り、生活環境の改善や自立支援に徹した介護です。

私は1980年代初期に、「ボケさんは仏様」と捉え、認知症の人は普通の人と比較して、人を恨む、妬む、憎むなど、人間の醜さを削ぎ落とした生地のままの仏様であると、心からそう思いました。そのことを、厚生省の広報誌「厚生福祉」（当時）に発表したところ大きな反響を呼びました。

また、1985（昭和60）年の全社協発行「痴呆性老人のケア」（共著）など、多くの論文を早期から発表しました。

そして、介護の実際の場面では、認知症の人から多くのことを学ばせていただきました。

例えば、認知症の人は知能で理解できなくても感受性が豊かですから、こちらの思いを素早く察知されます。そのためベテラン職員より、先入観を持たない新人職員のほうが受け入れられ、スムーズに介護できることも少なくありませんでした。

認知症の人の深層心理に想いを巡らし、常に対応を考える必要があるのです。

その意味で、スキルが高いとか経験が長いなどは、必ずしも利点になりません。少しでも謙虚さに欠けると見透かされて、介護できない場合もありました。

先入観なく認知症の人と向き合い、知識や技術を認知症の人に学び、謙虚に努力する態度が必要です。認知症の人の介護が適切か否かは、認知症の人が評価してくださる、私はそう確信しています。

また、認知症の人は会話でコミュニケーションが取れなくなり、心の満足が得にくい場合が多いのでしょう。その心情を察知して、五感に訴えるケアが上手にできる職員が受容されるのですが、結論的にそれは人柄のよい人なのです。

とくに、声は「心を表す」と言われます。認知症の人の倖を願って、温かい人柄から出る声は、お腹から出るので温かいのです。仕事だから仕方なく出す声は、背中から出る冷たい声で、それは聞き分けられてしまいます。

よいケアは認知症の人にとって、心地よい感覚刺激として残るのだと思います。昨今はユマニチュードケアが注目されていますが、どのようなケアの技法も、相手の方を敬愛する心が伴わなければ受容されないのではないかと思います。

「潤生園式認知症総合評価スケール」の開発と応用

認知症ケアのエビデンスを求めて

潤生園は1984（昭和59）年、神奈川県の指定を受け、重度認知症専用棟を設けた頃、高齢者の認知症を総合的に評価する方法論を開発して臨床に応用しました。

当時、本格的な高齢化を反映し、入所者のほとんどが後期高齢者になり、重い身体障害に加えて認知症があるケースが多数を占めてきました。そのため、かつての生活施設とは様相が異なり、マンツーマンの対応や全介助が必要になってきたのです。

最も介護を困難にしたのが認知症の人の増加でした。まだ認知症の臨床や、介護の軽減に役立つ学術的な指標は少なかったので、潤生園に限らず病院や施設など、認知症高齢者をケアする多くの現場では、ケアの方法論を模索していた時代です。

認知症高齢者の不可解な行動や、一人ひとり異なる多様な症状に現場は振り回されることが多かったのです。

潤生園も一人ひとりをよく観察し、どうしたらよいケアができるか、様々な対応を個々に試み経験の蓄積を急いでいましたが、経験と勘に頼ったエビデンスに乏しい対応であることに悩んでいました。

認知症高齢者の介護の基本もまず健康の維持が先決です。

ほとんどの人は病識がなく、自分で不調を訴えることが少ないので、介護者が見落としてしまう場合があります。心身状態を細かくチェックし、記録を徹底して共有し、変化を見逃さないことを第一に心がけ、その上でケアを模索していきました。

一方で、福祉マインドはあっても、科学的分析が伴わないために、誤った対応になっている可能性も危惧しました。ちょうど社会的に認知症について認識や理解が進むと共に、ケアの現場で行われていた物理的な拘束や薬物管理を改め、認知症高齢者に対し「人としてふさわしいケアを」と、期待する声が高まってきた頃でした。
そこで先述のとおり、認知症高齢者の介護について、原因の解明や認知機能の判定、臨床像を分析し、その上で個々の日常生活の改善や、生活レベルの向上を目指す必要があると考えたのです（詳しくは162ページ）。

認知症のケアは個別性が必要でマニュアル化し難いので、現場で検証したエビデンスが必要でした。そもそものきっかけは、HDS－Rの評価が0点の方が筆を手にすると上手に文字を書かれるので、既存の評価スケールだけで認知機能を評価することに疑問を抱いたからです。私は心に浮かんだ疑問を究明したいと思いました。

診断などでは知的能力評価は欠かせませんが、介護の現場ではむしろ生活能力をできるだけ正確に把握し、どの程度の援助が必要か分析することが重要と考えられます。調査結果はその方に対する介護量をイメージする目安になりました。
以前は、HDS－Rの結果が極端に低い場合、QOLなどあまり考えずケアするケースが多いと思いましたが、生活能力の評価を取り入れれば、残存能力を正当に評価しＱＯＬの改善に役立てると思いました。そこで、全社協・全国老人福祉施設協議会が募集した「平成６年度・老人福祉施設実践研究奨励賞」に応募し、優秀賞５編の中に選ばれ入賞を果たしたのです。

更に、この調査結果を居室のメンバー構成で検証したところ、調査結果が近似値のメンバーで構成している居室はトラブルが少なく、逆に、調査結果がアンバランスなメンバーで構成している居室はトラブルが絶えないことも確認できたのです。

そこで、「調査結果が近似値のメンバー・１グループ８名」のファミリーケアを試み、グループごとに別々のアクティビティを行ったところ、ＱＯＬを高めることに繋がりました。このグループ化を促すためには、個々の生活感覚を含めた認知機能の正しい評価が前提となると考えられました。

グループ化については、人が本能として持っている集団欲求を満たすため、孤立させないことが第一です。

集団欲求は食欲や睡眠などの欲求をはるかに超えたものという認識が必要であり、コミュニケーションが不自由な認知症の人にとって、最も配慮が必要なポイントです。

またグループ専任の職員が、入所者一人ひとりの排泄リズムを把握し、タイムリーなトイレ誘導を徹底し、排泄の失敗を防ぐことができました。

認知症の人に排泄の失敗をさせることは、介護職として恥ずかしいことです。失敗の責任は介護側にあり、入所者に詫びなければなりません。排泄だけでなく全てにおいて「決して入所者のせいにはしない」のが潤生園の伝統です。

この折の「認知症を総合的に評価する方法論の開発と臨床応用」は、現在の潤生園の認知症ケアの基礎になっています。

認知症の方に対する住環境への配慮

認知症の人を介護する上で、最大の環境要因が「人」であることは言うまでもありません。しかし、学歴が高ければよいケアができるとか、容姿が整っていれば認知症の人に好かれるかと言えばその保証はないのです。それよりも、人が人に関わる仕事は、相手を無条件に受容でき「人柄」がよいことが重要で、更に波長が合う人が認知症の人には好かれるように思います。

また、人間は「空間的存在」と言われますが、人には一人ひとり居場所があるのです。

家庭の中でも、家族にはそれぞれの「定位置」があって、その場所が誰かに塞がれていると落ち着かない気持ちになるのは、誰もが経験しているでしょう。

介護施設で暮らす認知症の人に居心地よく落ち着いて過ごしていただくためには、それぞれの居場所が必要なのです。果たしてそれはどのような場所なのでしょうか。

介護者は常に五感を働かせ対応する必要があるのです。とはいえそれは認知症の人だからと特別なことではありません。介護者自身が居心地よく過ごせる場が、認知症の人にとっても心地よい場です。

しかし、介護施設は概ね広い空間で、集団的な処遇が当たり前のように行われ、設備も殺風景な施設が少なくありません。中には認知症の人の見当識障害への配慮さえなく、同色の無味乾燥な居室が多く、自分の居室を判別できないつくりの施設も少なくないように思います。

潤生園では、認知症専用棟に大改修した際、壁のクロスをフランスから取り寄せ、それぞれの居室を異なるクロスで彩り、認知症の人が「自分の居室」と認識できるように一つひとつの居室に変化を加えました。そして、多様な症状の人に対応する多様な空間を創るため、居室間の間仕切りを自由にできるスライディングウォールにしました。

１９９２（平成４）年に、全国社会福祉協議会から、在宅介護のモデル事業を受託した際には、認知症の人向けの「小規模デイサービス事業」を考え、地域にある普通の広めの住宅を借り上げて、施設基準を満たすためにトイレの増設や浴室などを改造し、施設として活用できるよう工夫しました。それが後の施設借り上げ方式です。このように利用者主体で考え、居住環境を常に見直し整備することが必要です。

更に、清潔感の絶対要件は施設特有の臭気を解消することです。臭気は処遇の良否を判定するバロメーターです。臭気の発生源は排泄の始末ですから、排泄の改善にも関係します。ハード面の工夫も必要ですが、施設に臭気は付きものという誤った認識を改め、利用者や職員の生活環境をよくする努力を惜しまないことです。

また、認知症の人も自分で身だしなみを整える環境が大切です。

割られてしまうことを恐れて、１枚の鏡さえない施設もありました。しかし、鏡は自分を見失わない上でも必要ですし、顔や髪形を整えることは気持ちを整えることに通じます。

美容や理髪などの習慣にはその人らしさが残っています。かつて施設によっては、ケアする側の都合でヘアスタイルを一律にショートカットにすると聞いたことがありますが、人権に配慮したケアとは言えないでしょう。

自分や自分の親が意に反して、そのような処遇を受けたらどう思うでしょうか。介護環境の整備は施設で暮らす高齢者の思いを形にすることなのです。

ここに述べた環境整備の工夫は、サービス利用者の変化に伴い当然変わっていきますが、空間づくりを見直す時や新しい施設を建設する際に役立っています。

憲法第25条で保障される住環境は、生活保護の住宅扶助の受給者でも、バス・トイレ・キッチンのある個室が使えます。それを考えても他人と相部屋で、プライベートが保証されない生活は福祉施設とはいえないと思います。

入所者の安全と安心の追求は介護施設が守るべき鉄則です。その上で個人の尊厳を侵さない工夫こそ、介護のプロが自負を持って取り組むべき課題だと思います。

まして、2005（平成17）年の介護保険法改正で、居住費と食費は自己負担になりましたから、自ら選択した住環境のサービスを利用したいと望まれるのは当然のことでしょう。

しかし、特養ホームの経営環境は、現在容易な状況ではありません。とくに、小田原市を含む2市8町の県西地域は、介護報酬の「級地区分」は小田原市が5級地、箱根町が7級地のほかは無級地ですが、神奈川県内の職員給与の平均額では逆に最も高いのです。しかも、大都市周辺に比べて人口規模が少ないので、給与水準を上げなければ人材確保ができず、その結果軒並み赤字経営に陥っています。

ひとえに制度的な欠陥ですが、介護保険制度そのものが維持できるか否かの瀬戸際ですから、施設の大規模な改修費用は捻出できず、心苦しい状況がまだしばらくは続くのではないかと憂慮しています。

認知症高齢者の余命についての考察

認知症高齢者の余命については、１９８０年代から関心を持ち調査してきました。一説には7年とか10年などとされますが、立証は難しく文献も少ないのです。それは、認知症高齢者が持つ基礎疾患が人によって異なるほか、知的能力や生活条件などの違いに加えて、介護や生活環境の相違など、複雑な条件の影響が考えられ標準化が難しいからだと思います。

例えば、同程度の脳の萎縮が見られても、認知症を発症する人と、発症しない人がいるという研究論文があります。発症の原因やメカニズムの全てをつまびらかにすることが困難であれば、当然予後予測も困難でしょう。

また、認知症高齢者は、ホメオスタシスや防衛本能など、自ら生命を守る機能の減衰も顕著で、予期しない死を迎えることもあります。

そこで、潤生園では多くの重度認知症高齢者を介護の末に看取った中で、認知症の発症時点が明らかな40例（男性12名、女性28名）について分析を行いました。

この調査は、入所者の意思を尊重し、高齢期にふさわしい医療・介護を行って、自然死に近い看取りを実践していなければ不可能な調査だと思います。

その結果、家族が認知機能の低下に気付いてから、亡くなるまでの期間は、

・男性　平均57カ月（4年9カ月）
・女性　77カ月（6年5カ月）
・全体の平均　71カ月（5年11カ月）

でした。[*2]また、発症からの経過年数から見た死亡率は、

・２年以内20％
・５年以内50％
・７年以内75％
・10年以内１００％

でした。したがって、７～10年という既説は、ある程度の信憑性があると考えられます。

とはいえこの結果は、潤生園というケアの専門施設のものであり、介護理念や経験などの条件が異なる施設や、在宅介護の場合などでは結果が異なる可能性が高いと思われます。

潤生園の職員の信条と介護に対する決意

創立30周年を迎えた2006（平成18）年に、それまでの経験と歴史を踏まえて総括をした結果を、「職員の信条」として十カ条を制定しました。

企業が「老舗」と言われるには、健全経営を最低30年続けているのが条件だそうですが、その入り口にようやく立てたことを振り返り、決意を新たにしたのです。

一、私たちは、ご利用者主体の質の高いサービスを提供します。そのサービスはご利用者の期待を上回る感動を提供し満足していただけるように努めます。

二、私たちは、関係法令を遵守し職務に課せられた責任を果たし、ご利用者の利益を損なうことのないように努めます。

三、私たちは、正確な記録と科学的な手法でエビデンス（根拠）のあるケアを実践し、全ての職員が共有できるサービスの標準化に努めます。
四、私たちは、介護記録や事故報告等のデータを分析し、要因を把握して、日常業務を極力定型化するなどリスク管理に努めます。
五、私たちは、潤生園が過去三十余年に亘り培った介護文化と知見を次世代に継承するため、自ら進んで後輩の指導育成と人材確保に努めます。
六、私たちは、快適な職場環境を創るため、職員が互いに協力し切磋琢磨して、高い能力と資質の向上に努めます。
七、私たちは、地域社会の発展と福祉向上のため、地方自治体や公共セクター等との協働に努めます。また、地域福祉の新たなニーズに対応するため、サービス拡大の気概を失わず研鑽します。
八、私たちは、常に革新の志を保ち、新たなサービスの創造とシステムの構築に挑戦し、社会環境の変化への柔軟な対応に努めます。
九、私たちは、ここに掲げた信条を実践し、潤生園の地域社会における存在価値を高め、潤生園ブランドに誇りを持って邁進します。

十、私たちは、自ら成長に努め、今日よりは明日へと着実に一歩ずつ前進することを誓い、ここに職員の信条を制定します。

この信条を認知症ケアの項の中で紹介したのは、第一義として「感動を提供する」と掲げた意味を理解していただきたいからです。

認知症の人に、我々のケアを受け入れていただけるか否かは、まず介護する我々を受け入れていただけるか否かにかかっています。

それまでできたことができなくなり、時間や場所が分からなくなり、自身の役割を果たす術を失って、どれほど大きな不安の中で過ごしているか、推察することができるでしょうか。

介護者の想いを見せることはできませんが、「思いやり」という形にすれば見せることができます。言葉が理解できなくても、感動を与えるサービスは理解していただけます。そのように、介護者は全ては自分の問題だと認識しなくては、認知症の人のケアはできないと思うのです。

今後日本はおそらく治療する術のない認知症の人が増え、社会全体で対応が必要な大介護時代が目前に迫っています。「地域包括ケアシステム」の構築ができない状況の中で、要介護高齢者が急増してくるのです。

介護人材の確保が施設でも在宅でも困難を極めると想定される中で、高齢者の多死社会を迎えることになります。そのような現実に対して、我々はどう対応すべきでしょうか。

社会福祉法人の使命として、益々大きな期待がかけられることになるでしょう。

今こそ、ネガティブな思考を避け、むしろ介護のプロの誇りを持って、目の前の高齢者の誰もが老いを健やかに過ごし、豊かに天寿を全うしていただくよう、新たな介護文化を社会に根付かせるため、一層覚悟しなければならないと思います。

記録はエビデンスの基礎

1996(平成8)年から、潤生園では電子手帳を使った「介護記録システム」を導入しました。24時間の介護の全記録を残して、文書化、グラフ化し、サービスを「見える化」しました。

当時は一般に介護施設では手書きの寮母日誌が使われ、介護記録としては立証性が乏しいと危惧したからです。

とくに、何か不測の事態が発生した場合、専門機関として説明責任を果たす義務があります。潤生園の介護記録は、その時点がどのような状態であったか、介護者やご利用者の会話の内容などまで全て記録されていて、介護の質を証明するツールです。

万一事故が起きれば、まず責任を問われるのは担当職員です。その職員を守るためにも記録は重要な証拠になります。

電子化当時は介護施設でどのようなケアが行われているか、実状はほとんど知られていませんでした。そのような認識を変えるには、情報を積極的に公開し、理解していただく努力が必要でした。情報をオープンにすれば、行政やご家族の信頼を高め、施設に大事なご家族を預けた方々に安心していただくことができると考えたのです。

その記録データは、ご家族が来園されるたびに手渡し、説明して、安心していただくように努め、信頼関係を築くコミュニケーションに役立てています。

もちろんデータを職員間で共有し、状態の把握とサービスの検証にも役立てます。

また、ご利用者が入院する場合には、サマリーの役割も果たします。その頃は、病院でもキュアの記録は手書きでしたから、潤生園の詳細な記録は驚かれました。

潤生園では、常にもっとよいケアはないかと現場で収集したデータを検証し、そこから得た情報を軸に考えることにしています。

仕事を検証するのは事業者の当然の努めですし、それを怠っては組織の成長は不可能でしょう。

テーマを決めて検証し、論文にして専門誌に寄稿するとか、学会で発表するなどの不断の挑戦が職員と組織を成長させ、個人の実力の向上も期待できるのです。

一方、人間を対象にした個別性の高い介護の領域では、データを過信することは危険です。常に高齢者を見守る人間の観察眼と注意深さは、時にはデータに表れないリスクを捉えることができるのです。

最近アメリカ政府は、科学関連予算を大幅に削減したと伝えています。トランプ大統領の政策は奇抜さが話題になっていますが、時代に逆行するようにも見える科学関連予算の削減の報道を聞き、シビアな実効性のある予算配分とも見て取れました。

科学がどれだけ社会に貢献してきたか、正当な評価をし直す動きなのでしょうか。世界全体の規模でそうした見直しが必要なのかもしれません。

（＊2）認知症発症時の年齢は60歳代5名、70歳代23名、80歳代12名（男女の有意差なし）、発症時の平均年齢は76歳（男女の有意差なし）。

●介護は見えないものを見えるようにすること

現在、一番身近にあって誰もが持っていながら、見ることができないのは、人の「心」です。まさに、「人の心」は見えませんが『心遣い』は見ることができます。人の「思い」は見えませんが『思いやり』は見えます。また、人の「気持ち」は見えませんが『気遣い』は見ることができます。そのような、見えないものを形にするのが『気遣い』です。ちょっとした『思いやり』や『気遣い』が増えていけば、世の中はもっと穏やかに暮らせるでしょう。そうした社会の実現が今、求められているのではないでしょうか。

私たちの「介護」という仕事は、眼に見えない『心』や『気持ち』などを、眼に見える形で提供し、人々の生活を丸ごと支える仕事です。身体的、心理的、社会的な面、そして霊的な（スピリチュアル）面まで含めた、総合科学の提供です。そのような広範な仕事を一人でできるはずがありません。だからチーム・ケアなのです。

全ての仕事はいろいろな人々との関わりで、成り立っています。スポーツで言えば、野球もバレーボールも、サッカーもバスケットも、ボールをパスし合って、ゴールを奪うのです。パスをしないサッカーチームが勝てるでしょうか。ボールのパスは、仲間を信頼したコミュニケーションです。勝つためにはチーム力を高めなければなりません。パスを緊密にするには、コミュニケーションを密にすることが決め手です。お互いに今の仕事を見直してみましょう。

第5章

天寿を全うしていただけるよう 敬虔な看取りに努める

終末期の看取りに携わる者の心構え

人の生命の終末期に関わり、最期を看取らせていただく介護者は、心の中で「今日も一日無事に命を長らえてください」と、祈るような気持ちで関わります。介護を受けるお年寄り達は以心伝心で、それに応えて懸命に生き、命を繋いでおられるように感じます。

介護という行為もまた感情労働そのものであり、介護者は看取りに伴う大きな不安や、様々な葛藤を抱えているので、精神的サポートが欠かせません。

また、介護は全て介護者とご利用者の信頼の上に成り立っています。まして人生のフィナーレを託されることは、介護に携わる者に対する最大の信頼と受け止め、最高の誠意を以て報いなければならないでしょう。

淀川キリスト教病院の柏木哲夫先生は、「どのようなケアを受けるかによって死に方は異なる」と、述べています（死の準備「老年医学」1991（平成3）年9月号、ライフサイエンス）。

どのような死を成就できるかは、亡くなる人の死生観だけでなく、ケアに携わる人の生命観などによって異なるというのです。普遍的な示唆として心に止めて置きたいものです。

潤生園では1990（平成2）年頃から、施設での看取りを希望される方が増えました。当時、入所者の平均年齢は80歳を超えていましたから、死が極めて身近な問題となって、特養ホームは「生活施設」から、次第に「重介護施設」へと期待が高まり、終末期ケアが必須になったのです。しかし特養ホームでの看取りを受容する施設はごく僅かで、ほとんどは病院へ転送され亡くなっていました。

潤生園は早くから施設内での看取りについて、ご希望があれば断ることなくそれに応えてきました。今では入所者の約8割の方が、施設内での看取りを希望され、それに応えて看取らせていただいていますが、これまでの約40年間に約600名の方の臨終に携わりました。そして、私たちが何よりも心が休まるのは、看取らせていただいた全ての方が、実に安らかな最期を遂げられたことです。

看取りのケアとは生命が燃え尽きる瞬間だけではありません。平穏な日々の連続の先にある死への、自然な経過の過程の全てが看取りなのです。

終末期に入ると誰でも普段と異なる身体症状が、繰り返し表れるようになります。様々な機能低下が起きるので、体調管理が難しくなります。そこではエネルギーの消耗を最小限に止めるよう、新鮮な空気で安楽な呼吸を確保し、可能であれば少量でも栄養や水分補給に努め、順調な排泄状態の維持を工夫します。

脱水を防止し、床ずれを防ぎ、更に孤独にしないよう常に言葉を掛け、傍らに寄り添う気配を感じさせながら、ご本人の持てる力に働きかけを続けます。バイタルサインを慎重に見守り、医師の指示のもと、例えば点滴などの医療的介入をなるべく控えて、穏やかな臨終を静かに看取るようにします。

これらの全体が潤生園の看取りケアなのです。当然個人差はあるのですが、概ね5年位の経過が普通のようです。

とくに食事は、「食べたい物を、食べたい時に、食べたい分だけ」とし、ご本人からのサインをしっかり受け止めて、負担にならないように注意します。

潤生園には最期まで口から食べていただく、というケアの伝統があります。胃瘻など非経口的な栄養補給を避け、毎食後の口腔ケアに注力し、歯科医・歯科衛生士の協力を得て歯周病や肺炎等を防止し、可能な限り経口摂取に努めています。

なお、最晩年にはその人らしい天寿の病が出現しますが、不思議にそのような場合は、痛みや苦しみでペインコントロールが必要な例は、ほとんど経験していないのです。

これまでの看取りの経験から、「人は齢を重ねれば重ねるほど臨終が安らか」と言えます。古来、長寿が望まれた所以は、生に対する執着という説が多いのですが、私たちの経験ではむしろ平安な臨終が得られるからではないかと思います。

そもそも、高齢者の終末期ケアについてはこれまで医療的ケアが中心でしたが、治癒不能な多臓器不全の高齢者は、医療の手が及ばないのですから、「人が人をケアする」介護の役割であると思うのです。

このことを、介護従事者はもとより、介護を利用される人々がしっかり認識し、合意されていることが重要です。

施設内で対応が困難な事態に備えて医療機関との連携は必要ですが、高齢者が適切な介護を受ければ、積極的な治療が必要なケースはほとんど見られないのではないかと思います。

「看取り文化」について国民の合意形成が急務

死と死ぬことについて、画期的な著書を著わしたスイスの精神科医エリザベス・キューブラー・ロス女史は、「死ぬ瞬間―死にゆく人々との対話」の中で、「人は例外なく死へのプロセスの全期間を通して、最後まで生への希望を抱き続けている」と述べています。

看取りに携わる我々介護者は、死に逝く人が精神的な孤独を味わうことがないように、コミュニケーションに対する配慮を疎かにしてはならないのです。

看取りの本来の在り方は、かつての家庭の中に見ることができます。家族が死に逝く人の枕辺を囲み、臨終を粛々と受け止め、死出の旅路を妨げない心遣いが作法として大切にされていました。

現在はほとんど知る人も少ないと思いますが、昔、日寛（１６６５年〜１７２６年）という僧が書かれた「臨終用心抄」には、「臨終の一念は、多年の業行と普段の心がけに依る」、「臨終は生きてきた結果の報いであり、善行があれば苦悩は少ない」、「実不実にかかわらず、他人の心を傷つければ苦を招く」など、生前の行動を戒めています。また、死の際の作法についても、次のように細々と戒めが記されています。当時は臨終に関わる際の作法として用いられていたのでしょう。

人が多いと死に往く人の心が乱れるので、枕辺にいる人は3〜4人以内にする

病人の傍には、執着する財産などを置かない

息が絶えても、12時間ほど動かしてはいけない

臨終の時は喉が渇くので、清紙に水を浸し少しずつ潤す

潤生園ではご本人が終末期を過ごすのにふさわしく、ご家族も一緒に看取りに携われるように配慮した個室を設け、共に看取りをしています。また、ご希望によっては、

潤生園が在宅での終末期ケアを勧め、ご家庭で臨終を迎える体制として、最期を見届けていただく医師や、家族を支えるヘルパーの派遣計画等を整え、亡くなられた方もおられます。こうしたケースはご家族の満足度がとても高いのです。

ターミナルという言葉の語源には、終末のほかに「完成」とか「境目」という意味があるようですが、永遠の生命観に立てば臨終は「終わり」ではなく、今世と来世の境目であり、今世の人生を完成して新しい生を迎える転換点とも考えられます。

終末期ケアや看取りをどう捉えるかは、人それぞれの死生観で異なりますが、これは多くの方を看取ってきた実感です。

しかし、そうは言っても経験の浅いスタッフの中には、担当していた方の死が現実になると強いストレスを受ける職員もいます。

終末期ケアについては、毎日ミーティングでカンファレンスを行い、予後予測を皆で共有し、必要なケアを明確にしています。そして、亡くなられた後もデス・カンファレンスを持ち、旅立たれた方から生命を賭けて教えていただいた「気付き」を日々のケアに生かすように努めています。

入職2年目の職員が「死への恐怖と戸惑いの中で、自分に何ができるのか一生懸命考えているうちに、その方のことを考えるのが好きになっていた。『死』についてばかり考えていたのに、いつの間にか、生きる意味を考えるようになっていて、不思議な気がした」と振り返ったことがありました。

同様に、担当した方の死をきっかけに、生きることを考える職員は少なくありません。このことからも、終末期のケアは決して一方的なものではなく、ケアする側もケアを通じて死を学び、生きることの価値を知り、成長できるのだと分かります。

現在のように価値観が多様化する中で、高齢者の終末期ケアについて、誰もが納得できる一定の基準を決めるのは、確かに困難な課題ですが、目前に迫る高齢者の多死社会では、どのような看取りが望ましいのか様々な視点から検証し、「看取り文化」の創造について国民的合意の形成が急務になっています。

●潤生園入所者の39年間の退所データ

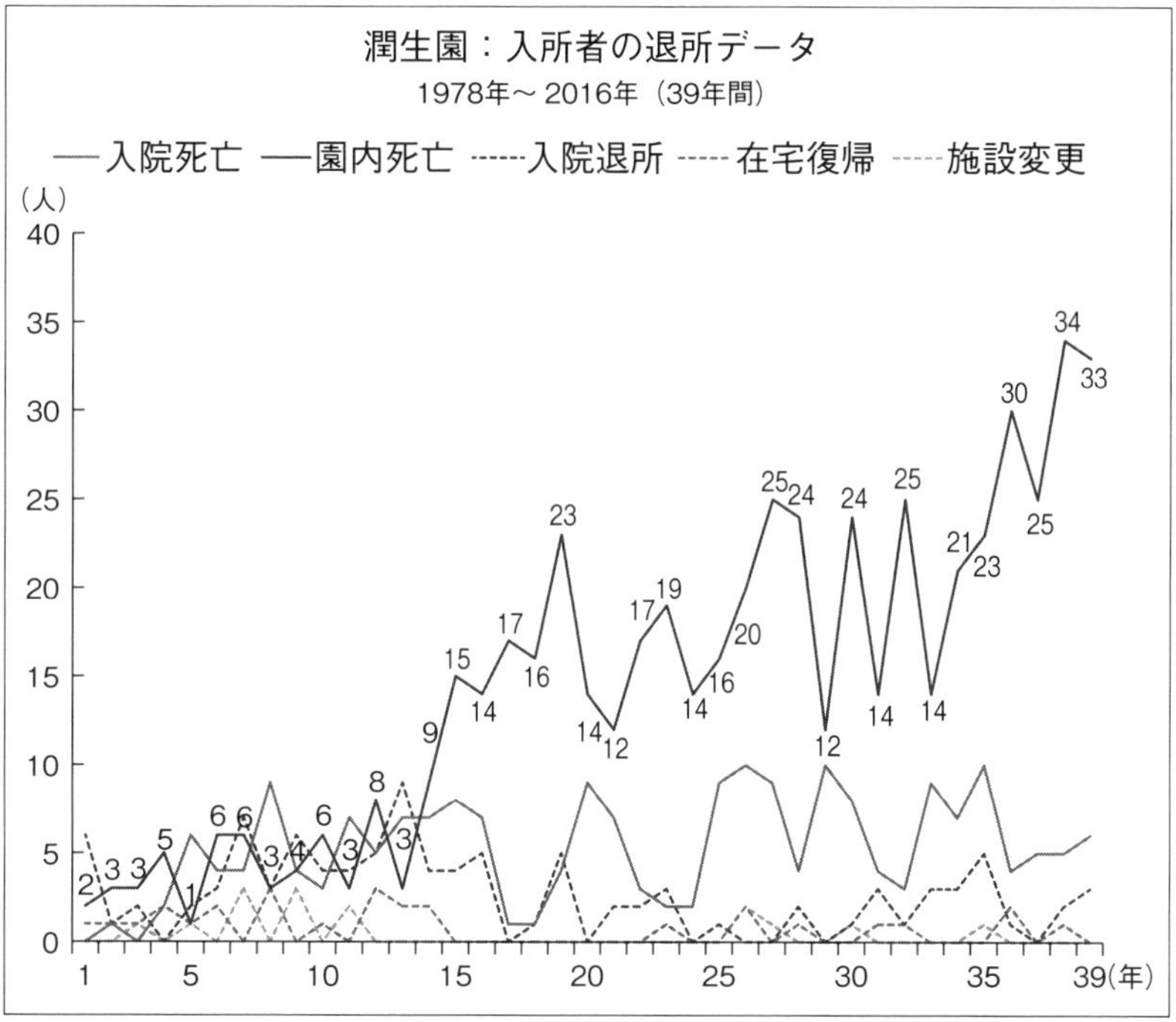

「看取り文化」の創造への課題

人は最期をどのように看取られたいか

我が国では現在、約8割の高齢者が病院で亡くなっていますが、医療が関わることによって倖な最期を迎えているのでしょうか。むしろ医療の濃厚な介入でより不幸になっていないでしょうか。経管栄養や持続点滴、排尿チューブやモニターに繋がれて、ICUで孤独死することを誰も望んでいないと思いますが、それでも死を医療に委ねているのはなぜでしょうか。

また不安も苦痛もない平安な最期をどうしたら迎えられるのでしょうか。

私は高齢者が「倖な臨終」を迎えるには、手厚い介護によって死に逝く人の経過を静かに見守る看取りが必要だと思うのです。人は高齢になり臨終の時期がくれば死を迎えるのは自然の摂理です。そのためには人為的な介入を控える「看取りの文化」が必要なのです。

潤生園でも、１９７８（昭和53）年から１９８２（昭和57）年頃までは、入所者の病状が悪化すると協力病院へ転送していましたので、施設内での看取りは２割程度でした。

１９８３（昭和58）年頃から施設内での看取りを希望する人が増加し、現在はほとんどの人が重態になったからといって入院を希望することは稀になっています。

それだけ特養ホームでの死が一般化した証しでもありますが、当園は「介護食」の研究開発によって最期まで経口摂取が可能になり、「嚥下障害」によって入院する人はほとんどいなくなりました。そして、看護・介護職などによる「チームケア」について多くのノウハウを蓄積し、安らかな看取りを実践していますから、施設内での看取りが高い評価を受けています。

そこでは医療的介入を極力避け、管理医師の指導のもとに、ご家族を含めたチームによる看取りで全ての方が天寿を全うされています。

高齢者の病気と死を理解する

人は高齢になると生理的老化や病的老化の進行に伴い、免疫力や自然治癒力が次第に低下して、些細なトラブルでも恒常性のバランスが崩れやすくなっていきます。

高齢者は一般に全身的な動脈硬化が進行していますから、いつどこに障害が起きるか予測しにくいのが普通です。

高齢者の疾病は、老化を前提にした治療不能の生活習慣病が多く、完治させる方法はなく、好転させる手立てもないので生涯付き合わなければならない、つまり、医療の問題というよりは生活の在り方を考えることが必要になります。

仏教で説かれる四苦（生老病死）は、苦しみの意味ではなく「思い通りにならない」、「意のままにならない」という意味であり、「死」は本質的に人為的な問題ではないと、理解する必要があると思うのです。

ナイチンゲールの「看護覚え書」から免疫看護論を導かれた、ナイチンゲール看護研究所顧問の小南吉彦先生は、特別寄稿「ナイチンゲール・断章（3）」の中で、次のように述べています。少し長くなりますが、大事なポイントなので引用させていただきます。

生物が病気になった時、その病気を治すことができるのは、その身体に自然に備わった自然の力（自然治癒力）だけです。その自然治癒力の基本は、生体を構成する多くの細胞の、それぞれに備わった自己修復力（あるいは自己再生力）にあります。

たとえ細菌などの単細胞生物であっても、必ず持っている修復能力であり、それはまた、生命体の特有の能力であり、物体には決して見られない能力です。人間のような多細胞の生物にあっては、この細胞それぞれの自己修復力に加えて、個体が全体として備え持つ、より強力な自然治癒システムがあり、この両者を合わせた力が、人間の自然治癒力です。そして全体的な自然治癒システムの核心が、免疫力（免疫システム）なのです。

（中略）

生体に発生する病気という現象は、全て細胞の病気から起こります。そして、細胞の病気というのは、言わば細胞の故障や不具合であり、生体の細胞のどこかに故障や不具合（異常＝損傷や衰弱や乱調など）が発生した状態です。したがって、病気が治ることとは、その細胞が元の正常な状態に戻ることですが、その元に戻す力（病気を治す力＝細胞を修復する力）は、その細胞に備わった自己修復力と、細胞の集まりである個体に全体に備わった自然治癒力と、この二つの力にしかありません。

医学ケアも看護ケアも（つまりクスリや手術や看護）も、それ自体には病気を治す力はありません。医学と看護の役割は、自然治癒力が充分に発揮されるように（少なくとも自然治癒力が抑え込まれて不活性化することがないように）身体と生活の条件を整えるところにあります。つまり自然治癒力を助けるところにあります。

多くの場合、病気やケガは自然治癒力の働きによって、完全に治ります。しかし、不幸にして病気が重症だったり、自然治癒力が弱かったりして回復が望めず、死に至るような時にも、その最後まで自然治癒力は、大きな役割を果たします。それは、自然治癒力が生体を少しでも、「より安らかな死」へと、導く力へ変質していくからです。そしてそれに同調して、自然治癒力を支援する医学と看護のケアもまた、そのまま「安らかな死」へと導く終末期ケアに質的転換します。つまり回復期のケアも終末期のケアも、その基本は同じだということです。

これこそ、人間生命の基本の原理として認識したいものです。

●介護施設での終末期の日常ケアの在り方

(1)	特養ホームの普段の生活は、個人のプライバシーを尊重し、余分な介入をなるべく控えて、可能な限り自立して、自分らしい暮らしができるように支える。
(2)	体調がよい時は重度者でも、更衣し離床して、椅子やソファーなどに安楽に座位し、寝たきりや寝かせきりゼロに努める。
(3)	重度者でも可能な限り、おむつの使用を控え、トイレでの排泄を励行すると共に、定期的な入浴や清拭により、清潔の保持に努める。
(4)	終末期で嚥下障害があっても、食事形態を個別に工夫し、慎重な経口摂取に努め、食堂やリビングで一緒に楽しく食事する。
(5)	重度の認知症の人でも、個人の自由な暮らしを見守りながら、MROを工夫するなど生活の活性化に努める。
(6)	重度の認知症の人には、可能な限り家族と連携し、声かけやボディタッチなどにより、コミュニケーションに努め、心理的・情緒的な安定に努める。
(7)	多職種によるカンファレンスを頻回に行い、情報を共有化すると共に、ご利用者の状態変化に速やかに対応し、手厚いケアに努める。

●臨終を迎えるまでの経過とケアのポイント

(1)	特養ホームでは、定期的に体重を測定し、体調とBMIの変化を分析し、人生の最期の推定に役立てる。
(2)	BMIが低下傾向にある高齢者は、経過を慎重に観察しながら、注意深い見守りが必要である。
(3)	高齢者の終末期にある兆候の一つとして、「食思不振」が例外なく起きるので、食事量の減少に注目し観察を怠らない。
(4)	食思不振に対しては、好きなもの、栄養価の高いもの、食べやすいものを提供し、盛り付けや温度の工夫など、様々な配慮が必要である。
(5)	食事がとれない状態が続くと、やがて水分もとれなくなり、死期が近づいて通常は2〜3日で臨終を迎える。
(6)	なお、口を開かない、食事を舌で押し出す、吐き出すなど拒否があれば、意思を尊重し、無理な摂食は控える。

●高齢者の「尊厳」を支える看取りの体制

(1)	入所者ご家族からのご希望があれば原則的に受け入れる。
(2)	看取りについて、多職種の職員間で共通理解し、認識を共有する。
(3)	医師と緊密に連携し、必要な場合の治療体制を整える。
(4)	必要最小限の医療処置器具（酸素・点滴等）を施設内に整える。
(5)	臨終に対応する専用居室を整える。
(6)	特養での看取りは、医療モデルの模倣ではなく介護で「天寿」を支える。
(7)	医療・看護・介護・ソーシャルワーカー・ケアマネジャーなど専門職と共に、なるべくご家族にも参加を促し、チームケアで支える。

●高齢者の終末期の病態像

(1)	常時臥床状態で自力での体位変換ができず全介助が必要になる。
(2)	出血傾向が強まり身体的に壊死しやすく褥瘡ができやすくなる。
(3)	感染症に罹患しやすく発熱や肺炎を繰り返し呼吸機能が低下する。
(4)	嚥下困難になり経口的に栄養素や水分摂取が難しくなる。
(5)	低栄養により生体の再生能が低下し体重の減少が著明になる。
(6)	絶えず失禁し体液や電解質が失われ脱水が起きやすくなる。
(7)	多臓器不全や全身衰弱が進行しバイタルサインが不規則になる。
(8)	傾眠状態が継続し精神反応がほとんど見られなくなる。

信頼に応える最高のケアの在り方

人は高齢になり終末期を迎えると、その人固有の死の兆候が現れます。慢性の多臓器不全をはじめ認知症、がん、ＡＬＳなど、その人が最期を迎える「兆し」と受け止めなければならないのです。

これらの疾患はいずれも治療法がなく、完治が期待できないので、最期をどう看取るかが重要になってきます。

古来、長寿が求められたのは、不安も恐れも苦痛もない臨終を理想の死として期待したからではないでしょうか。人は長生きすればするほど、がんなど悪性腫瘍があっても痛まず、最期が安らかなのはそのためであるように思われます。

人は一人ひとり天寿が定まっていて、介護はその天寿を支える手助けです。人生の最期を託されるのは最大の信頼と受け止め、最高の誠意を以て応えるのが看取りの在り方だと思います。

国立長寿医療研究センター名誉総長の大島伸一氏は「私の処方箋」（２０１３（平成25）年６月15日付、読売新聞）にて次のように述べています。

　高齢者にとって大切なのは、完治しない病気や障害と共存しながらも、生活の質を落とさないことに尽きる。その延長線上に死が訪れる。延命方法も含め、最先端医療の享受を、最大の価値とする社会を目指すのか、長生きしたことを喜び、満足し納得して、一生を終える社会を目指すのか。どちらを選ぶかで、医療や福祉、介護の形は大きく変わる。私は後者を選びたい。

また、京都大学こころの未来研究センター教授のカール・ベッカー氏は、

　意識こそしていなくても、日本の高齢者は、古くからの死生観をどこかで受け継いでいる。祖先や自然との繋がりの中で生きている、という感覚はとても重要だろう。死を視野に入れて生きるというのは、自分の生き方を正すことでもある。

私も死の研究者として、毎晩布団に入る時に、今日の生き方はよかったのかと反省し、このまま死んだら悔いはないのか自問自答している。

高雄病院院長の中村仁一氏は「医療への依存を断ち切り自然死を目指そう」と題した一文の中で、

死の際の「飢餓・脱水」は、腹も減らず、のども渇かない。だから食べたくも飲みたくもないのです。体がだんだん死に馴染んでいく過程ですから無理がないのです。

こういう状態になれば、脳内にモルヒネ様の物質が分泌されて幸せムードになるのです。それに脱水状態は、体の水分が少なくなって、血液が濃く煮詰まることを意味します。これもまた、意識レベルが低下して、ボンヤリした夢うつつ状態に導いてくれます。だから、恐ろしさも淋しさも感じることなく死ねるのです。自然はそんなに苛烈ではないのです。昔はこうしてみんな恙《つつが》なく死んでいったのです。これこそ天の恵み、仏のご加護というのではないでしょうか。

ところが、それを点滴やいろんな医療処置をしたりすると、せっかく恍惚状態で幸せムードのなかで死んでいけるものを、不安や恐怖を存分に満喫させたあげくの果てということになるのです。「できるだけの手を尽くす」ということは、「できる限り苦しめて、たっぷり死ぬ前の地獄を味わわせると、ほとんど同義なのです」。ここが「自然死」と「医療死」との違いです。

と、それぞれ述べています。

これら示唆に富む文章を読むと、ご本人の意思に従い、天寿を全うしていただくことを支えるケアこそ、信頼に応えるケアであると腑に落ちるでしょう。

ＢＭＩは終末期を見極める指標

高齢者の終末期とはいつからなのでしょうか。尊厳を支える看取りを目指す場合、その見極めは極めて重要です。

潤生園では、客観的な指標の研究のため検討した結果、判断基準としても分かりやすく、長年データを蓄積している「体重の減少」に着目し、１９９７（平成９）年から、死亡との関連性について分析してきました。

２０１４（平成26）年（直近）のＢＭＩを用いた死期の推定調査結果は、別表（図表1、2、3、4）のとおりです。

調査対象となった高齢者91名は、Ｊ、Ｋ、Ｙの３施設で、12カ月以上を過ごした方々です。ご家族からの希望と施設との合意の積み上げにより、経口から摂れるだけの水分と食事によって、最期まで施設で暮らしました。

多くの高齢者が自宅で最期を迎えることを望みながら、未だに病院で死を迎えることが多い現在、この調査のように、より自然な経過で死を迎えた高齢者を対象とした量的調査は、他にないと思われます。

結果として、経口から摂れるだけの水分と食事によって死に至る際には、平均的な体重減少の数値は、死亡前12カ月間で約４kg減少する傾向（減少率は９・３％）があり、とくに死亡前６カ月から減少が加速し、止まらないことが分かりました。

また、単に体重が減少するだけでなく、ＢＭＩで低体重の下限とされる18・５を下回るまで痩せが進行すると、ＢＭＩが10・０に到達する前に、死に至ると考察されています。

食事をとっていても、最期には栄養が身に付かない時期がくることは、高齢者の終末期をケアする経験の中で多くの職員が実感するのですが、そのような気付きを研究の域まで引き上げ、分析・検証する姿勢が必要だと思います。そうした情報こそ、介護の現場から積極的に発信し、社会に役立てることが必要です。

●図表１　調査対象者数及び基本属性

項目	(N＝91)		%
施設別対象者数	Jホーム	50	54.9%
	Kホーム	14	15.4%
	Yホーム	27	29.7%
死亡時の平均年齢±SD		88.7±8.4	
	男性	85.6±9.8	
	女性	85.9±8.0	
性別	男性	17	18.7%
	女性	74	81.3%
死亡時の年齢階層	65〜69	3	3.3%
	70〜74	6	6.6%
	75〜79	4	4.4%
	80〜84	8	8.8%
	85〜89	19	20.9%
	90〜94	24	26.4%
	95〜99	21	23.1%
	100〜	6	6.6%

●図表２　施設・性・死亡時の年齢階層別にみた死亡時の平均BMI

項目	平均BMI		SD
施設別			
Jホーム	17.5	±	4.2
Kホーム	18.3	±	3.7
Yホーム	18.9	±	4.1
性別			
男	18.5	±	3.1
女	17.9	±	4.3
死亡時の年齢階層			
65〜69	18.3	±	4.8
70〜74	19.0	±	3.4
75〜79	17.0	±	2.8
80〜84	16.1	±	3.8
85〜89	18.5	±	4.3
90〜94	18.5	±	4.2
95〜99	17.2	±	4.4
100〜	19.9	±	3.5

●図表3　死亡12カ月前からのＢＭＩ推移

	12カ月前	11カ月前	10カ月前	9カ月前	8カ月前	7カ月前	6カ月前	5カ月前	4カ月前	3カ月前	2カ月前	1カ月前
平均	19.9	19.9	19.8	19.7	19.6	19.4	19.4	19.1	19.1	18.7	18.5	18.0
SD	4.0	3.9	3.9	4.0	4.0	4.0	4.0	4.0	4.1	4.1	4.1	4.1
中央値	19.6	19.6	19.6	19.3	19.3	18.9	18.9	18.8	18.8	18.5	18.2	17.7
最大値	34.3	33.1	32.9	32.7	32.9	33.0	32.7	33.0	33.0	31.5	32.5	31.5
最小値	11.8	11.9	11.6	11.4	11.3	11.1	11.2	11.2	11.2	10.7	10.6	10.7

●図表4　死亡12カ月前のＢＭＩと死に至るまでの毎月のＢＭＩとの差

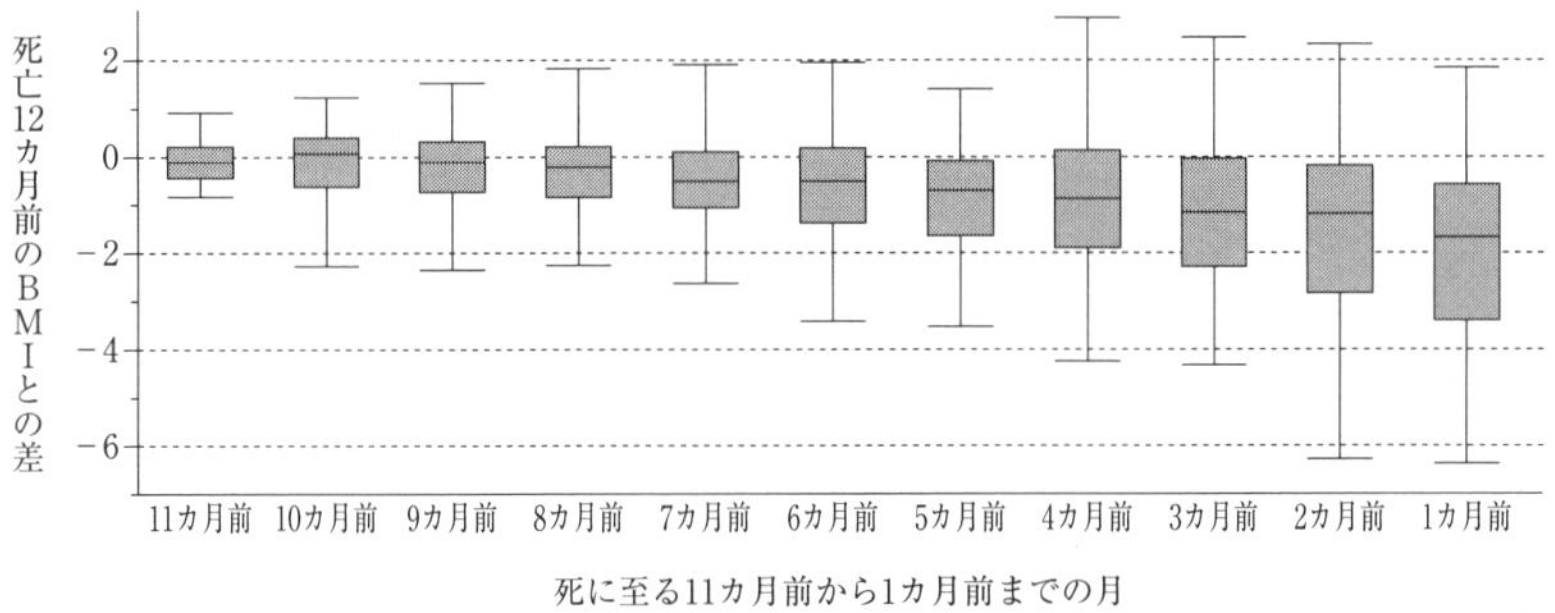

「特別養護老人ホームの高齢者におけるＢＭＩを用いた死期の推定――自然で穏やかな看取りケアを導くために」より

高齢者の終末期を看取る看護師の役割

今、特養ホームに入所される高齢者の多くは、超高齢の上に複数の慢性疾患と健康不安を抱えた人々で、重い症状や障害がある人が少なくありません。その意味では、「耐える人」を意味するクランケ（患者）ですが、ほとんどの方が治癒不能で、医療的ケアのメリットが乏しい人々であり、積極的な医療的介入は、むしろ心身の状態や生活に負担を強いる可能性が高いと言っても過言ではないでしょう。言わば、医療が対応できない人々であり、手厚い看護・介護が必要な人々なのです。

したがって特養ホームでの看護は、医療機関とは異なって「生活を支える看護」が主体です。それは終末期を生きる入所者の立場に共感し、受容して、残された僅かな希望を現実にしていく感情労働そのものです。

近代看護の母と呼ばれ専門職業としての看護制度や教育制度を確立したナイチンゲールは、「看護とは患者の生命力の消耗を最小にするよう、その日常生活のあり方を適切に整えることである」と述べています。これは、私たちの目指す「生活を支える看護」であり、特養ホームにおいて、看護職と介護職が連携し実現すべきケアです。

そこでは、要介護高齢者を病人扱いせず、できる限り臥床状態を避け、離床して食事・排泄・運動・休養・睡眠など、状態の変化に気を配ります。そして、日常生活の活性化を図り、情緒的配慮にも努めます。

なお、メディカル・ケアは不可欠ですが、侵襲的な介入はなるべく控え、老化の進行を慎重に見守りながら、自然に安楽に過ごせるように気遣い、コミュニケーションに努める生活を支える看護こそ大切なのです。

そして一人ひとりの入所者が、この世での寿命を生き切り、静かに訪れる臨終へ平安に着地できるように、最期まで生活を支え続けるのが使命です。

なお、この時期は看護者にとって、精神的にも肉体的にもとくに負担の大きな時期です。支援が深いものであればあるほど、入所者の死、つながりの喪失はストレスが高く、看護者を支える体制が必要です。

心ある医師は、「我々が終末期に行う医療はない」と、看護師中心の終末期ケアについて信頼していただいていますが、それが自然な在り方でしょう。

今、高齢者の終末期医療について、これまで多くの病院で行われてきた輸血や輸液など過度の延命治療は、患者の尊厳を損なうので控えるべきという風潮が強まっています。それだけ倫理的配慮が期待されるようになったのです。


医療や介護など人の命に関わり、人の生老病死をよく知る者には社会的啓発の責任があると思うのです。105歳のご高齢で、2017（平成29）年7月18日に亡くなられた日野原重明先生が、著書「死と老いと生への道」の中で、近代免疫学を確立し、1960年ノーベル生理学・医学賞を受賞したオーストラリアのフランク・マクファーレン・バーネット博士が、自らの終末期ケアについて生前意思を表示した次の一文を紹介されています。

75歳を迎えた博士は、常に次のようなメモをポケットに入れていたと言われます。

近代医学は、寿命を延ばす技術が発達し過ぎたきらいがある。（中略）死期に至った場合に願うことは、できるだけ苦しまずに大往生を遂げることだけ。老人の死は誰にも避けることのできぬ定めであり、場合によっては望ましくさえあるという受け止め方がよい。（中略）医師たる者は二度三度と老人を死地に追いやってはいけない。

満90歳を迎えた私は、この言葉に深く共感しています。日野原重明先生が晩年まで活躍され、大往生を遂げられたその生き方に傾倒しています。高齢者に限らず、全ての人を対象にした医療は、そもそも当事者の「よい生活」を考慮して、提供する必要があるからです。

COLUMN

職員の五つの誓い

潤生園の一日は、それぞれの職場で職員が「職員の誓い」を唱和することから始まります。この「職員の誓い」は、私が潤生園で仕事をする際の日常の態度を「五つの誓い」として言葉にしたものですが、海外の専門職者からも大変感動されました。

今日も一日、さわやかに挨拶を交わします。
今日も一日、にこやかな笑顔で接します。
今日も一日、やさしい言葉づかいで支えます。
今日も一日、愛情と真心で介護します。
今日も一日、人に尽くせる喜びを感謝します。

ドイツの詩人ゲーテは戯曲「ファウスト」に「人間の幸福は他者のために働いていく中にのみある」と遺しました。有名な言葉ですが、そのように徹底して「博愛」に生きることは、およそ難しくて、誰にでもできることではないでしょう。

この博愛の行動は、日本的に表現すれば「慈悲」の実践の意味ですが、どのようにしたら身に付けることができるのでしょうか。

誰もが持ちながら現実に現わすことが難しい慈悲の心は、生命の奥底から滲み出る心です。それは理屈ではなく他者に献身する実践に現れるのです。

潤生園の各事業所には、我々の援助を期待してくださる方々がたくさんおられます。これらの方々はいつも我々に「思いやり」を気付かせ、慈悲の心を引き出してくださるのです。

介護はまさに慈悲の実践ですが、仕事に忙殺されるとその心を忘れがちになります。慈悲は他者の苦を抜き、楽しみを与える行為です。ノーマライゼーションの生みの親、デンマークのニルス・エリク・バンク＝ミケルセンは、「この思想を実現する上で大切なことは、自分自身がそのような状態になった時、どう感じ何をしたいか、それを真剣に考えること」と述べています。「相手の身になって」とは、利用者本位ということですが、どちらかと言えば「提供側の視点」でつくられた制度に、どこまで血を通わせることができるか、介護に携わる者の心遣いにかかっているのです。

その挑戦へ自ら自覚を深めるために、日々の誓いが重要なのです。

第6章

市民を介護で困らせないために

「人財」育成を核に持続可能な企業づくり

介護の制度が整わない時代から、自主的・先駆的に創意工夫して、介護や福祉サービスを総合的・一体的に創造する中で、我々は「市民を介護で困らせない」というスローガンを掲げました。

このシンプルなスローガンは、全ての職員の心に刻まれています。

経営管理の基盤として最も重要なのは、介護人材の育成であると定め、1992（平成4）年に神奈川県の認可を得て、日本で初めて社会福祉法人による福祉人材養成研修事業を開始し、現在も継続しています。

1年間に複数回開講する「介護職員初任者研修（旧訪問介護員2級）」資格取得講

座は、受講料を2万円という低額に抑え、働きながら学べるように、履修コースも土曜・日曜に設けるなど、受講者目線で構成してきました。それは、ひとえに人材確保が事業持続の生命線であり、当法人の社会貢献事業と定めているからです。

2018(平成30)年度からは、「介護職員実務者研修」も開講しています。

これらの活動のために、法人組織として独自に「人財育成センター」を設置し、専任職員を複数名配置して、全職員の資質向上のため年次計画を作成し、教育に努めてきました。

全職員が潤生園の理念を理解し、理念に基づいたサービスを具体的に提供できる技術の向上を図るため、年間数十回に及ぶ専門研修も実施しています。

また、リフレクション制度により組織の理念と使命を共有し、組織一体となってこれからの時代を切り拓く人材の育成に取り組んでいます。

「我思う、故に我あり」と言ったのは、近世哲学の祖フランスのルネ・デカルトですが、彼は学問の土台や基礎の一切を、一から創り上げる必要性を説きました。また、その「我」についてデカルトは、我とは「思惟するもの」であると主張しました。私が「人は人として存在するだけで尊い」という基本理念を掲げたのも、介護の基礎を根本から見直し、生命の尊厳を土台にした介護を一から創り直さなければならないと考えたからです。

「潤生園の介護」に貫かれている考え方にベクトルを合わせ、経験と学習サイクルによって個々の職員の能力が開花することを期待しています。この「人財育成センター」の職員は教育の専門職であり、介護にも精通したスタッフを充てています。よい教育があれば人材は育ちますから、教育には教育の専門家を配置し、学ぶ人それぞれに適した教材を提供しなければならないと考えています。

当法人はそのような意味で、財務部門には財務の専門家を委嘱し、介護現場についての理解を深めながら、財務管理の充実を図っています。

専門性が活かせる業務に多様な専門職員を配置することは、開かれた介護施設経営に欠かせない要件だと考えているからです。

「職員の心を培う」教育

介護のスキルとして最も大切なことは何か。人を育てるというと、実務的な知識や技術の習得に目が向きがちです。それも確かに必要ですが、私は介護技術を教える前に、当法人の社会的使命や運営理念、更に生命倫理や職業倫理を含めた人生哲学を教えることが、より大切だと思っています。

特養ホームに、重度認知症ケアや終末期ケアまで、幅広い役割が期待されればされるほど、よい介護環境の最たるものは「人材」であり、何より人格が問われると思います。

そして、法人の経営理念や哲学を伝えるには、経営者が確固とした哲学に裏付けられた言動に日々努めることが必要です。

職員は実によくその言動を見ていますから、言行一致でなければ信頼は得られないのです。

経営者に理念や哲学がない組織は、言わば「核」のない組織で、人は育たず、事業は発展しないと思います。経営哲学を伝えるには、難しい言葉を並べるのではなく、伝える側が自分の言葉で、誰もが腑に落ちるように分かりやすく話し、希望を持って行動に繋げるよう心しなければならないと思います。


私は職員によく「人は心がけ次第で、自ら人格形成ができる」と、次のような話をします。

朝起きて顔を洗い、鏡を見る時に、「私は今日も一日、誰に対してもよい印象を与える自分になろう」と、鏡に映る自分に誓ってみてはどうかと勧めます。

中国の古典「大学」には、「苟日新、日日新、又日新（まことに日に新たに、日々に新たに、また日に新たなり）」という、殷王朝初代の湯王の言葉が遺されています。

それは「今日という日は、天地始まって以来、初めての日である。そのような大事な一日だからこそ、最も有意義に過ごさなさければならない。そのためには、今日の行いは昨日よりよくなり、明日の行いは今日よりも更によくなるように、修養に努めるべきである」と自覚し、そのように実践したとの意です。

そのように毎朝実行すれば、身に付いていきます。その繰り返しにより人格が形成されるのです。

私は人は誰もが心を磨き、自分自身を成長させたいと願っていると思います。人にはその人でなければできない使命があると、信じているからです。

養成研修事業開講式の様子

運営理念に基づくサービスの提供と組織改革

潤生園は、２０１５（平成27）年に運営理念に基づくサービス提供のため、一部を除く事業所がＩＳＯ９０００１の認証を取得し、継続的に組織改革を行っています。

ＩＳＯ９０００１取得とは、当法人としてご利用者や社会が求めている品質のサービスを常に提供するため、「国際標準化機構（ＩＳＯ）」が定めた世界共通の規格に則った仕組みを創り上げることです。

その仕組みを更によくしながら、ご利用者の満足度の一層の向上を図るためにどのような組織にしたらよいのか、責任分担をどうしたらよいのか、どのような方法で仕事をすればよいのかなどについて一定の水準で標準化しています。

ＩＳＯの導入を決めたのは、全ての職員の経営参画によって経営状況の改善等を推進するため、組織の体質強化を目指したからです。

既に導入後3年を経過し、効果測定の結果、例えば事故の発生場所や時間帯、発生理由など様々な課題が明らかになり、対処方法の研究が進みました。

また、ＩＳＯ取得のメリットは、年1、2回の内部監査が定着し、職員同士で評価し合うことによって、「潤生園の介護」の標準化が進んでいることです。「運営理念」という見えないものを受け継ぎ、組織の持続可能性を高める上で欠かせないことでした。「ＩＳＯ」は今や、「潤生園の介護」をスパイラル・アップさせるための原動力になっています。

内部監査の様子

生老病死の総てを支える体制の整備を目指して

高齢者が増加する半面で、高齢者を支える人口が減少していることは、今やよく知られている現実です。その深化と共に「人口ピラミッド」の年齢構成は、次第に「ピラミッド型」から「ロウソク型」へ変化しています。

しかし、社会の多くの人々は、日々の生活にさほど影響を感じていませんし、実感が湧かないので理解し難く深刻に捉えていないように思います。そして、いざとなれば施設や病院があるから何とかなると考えている人々が大多数ではないでしょうか。

介護を経験したことがなく、看取りなどに関わった経験もない人が、介護や看取りに関わらざるを得ない時代です。まして、病院で亡くなる方が大多数という時代が長く続いてきた我が国では、生老病死は遠い先のことであって、具体的にイメージするのは難しいのでしょう。

しかし、日本学術会議臨床医学委員会老化分科会（大島伸一委員長）は、２０１４（平成26）年9月13日、次のように提言しました。

これまで我が国の医療は、生命予後の延長を目指してめざましい成果を挙げてきたが、今後その医療需要は質・量ともに、変化することが予測される。高齢者、とくに後期高齢者の疾患は完治しない場合も多く、医療そのものを高齢社会にあったものに変えなければならない。

その方向性とは、臓器単位の疾病を解決することを主眼とする、「治す医療」から患者総体の生活の質（quality of life：ＱＯＬ）の極大点を得るために、治療の優先順位を再配置する「治し支える医療」への転換であり、「病院中心の医療」から介護・福祉と連携する「地域完結型医療」への転換である。

高齢者は多臓器の機能が脆弱化していく老化という過程に加えて生活習慣病のような全身の障害を伴う疾患を持ち、老年症候群や生活機能障害を有することが多いため、総合的、包括的な医療が要求される。

また、高齢者の疾病では急性期をはじめ、回復期、慢性期にどのように対応していくか、という視点も重要である。

原因を究明して根本的治療によって、病気の完全治癒を目指すという従来型の医療モデルを高齢者に適用することは困難であり、高齢者に合った医療が必要である。

このように、国は既に高齢者の医療の在り方が実態にそぐわないことや、医療費が増大し財政負担が困難となっているため、「病院から地域へ、医療から介護へ」と様々な政策転換を進めています。

その一つが「地域包括ケアシステムの構築」であり、「医療介護一体改革の推進」です。病院に入院させて介護してきたこれまでの在り方から、住み慣れた在宅で介護し、最期の看取りまで提供しようとする政策です。もう未来の話ではなく実際にそうせざるを得なくなっているのです。

そこで、介護に携わる我々が心しなければならないことは、在宅介護を担うご家族をこれまで以上に支援することです。

家庭の介護力では困難なケアや、家族のレスパイトケアが家族支援の主だったものから、今後は「生老病死」の全てについて支援できる体制整備が求められています。介護など考えたこともない、極めて無防備なご家庭も増えています。従来の支援に加えて、「老い」がもたらす体や心の変化と、個別性や尊厳・死生観などについても、支援が必要になると思います。

家庭に介護を必要とする人がいれば、家族全員の健康や生活に影響します。家族の混乱を和らげ、家庭生活の安穏を図るために、「いつでも何かあれば必ず助けてくれる」という安心社会の構築を急がなければなりません。

私自身も、母と妻の介護や看取りを経験して、介護が必要な人を昼となく夜となく毎日支え続けることがどれだけ辛いことか熟知しています。それも短期間なら堪えられますが、終わりが見えない中で日夜続く辛労に堪えられる人はそうはいないでしょう。

かつて、介護経験がある多くの人に尋ねたところ、概ね「3カ月が限界」と言っていましたが、高齢化の進行と並行してどこの家庭にも起こり得る介護問題にどう対応するのでしょうか。

まして、1980（昭和55）年に子どもと同居していた世帯は7割でしたが、2014（平成26）年には4割まで低下しています（高齢社会白書・平成28年版）。75歳以上の女性の4人に1人は単身高齢者であり、孤立が認知症の進行を早めたり孤独死のリスクを高めるのはよく知られています。しかし、こうした切実な問題に政治はこれまで真正面から向き合ってきたのでしょうか。

潤生園の地域包括ケアモデルと未来予想

「地域包括ケアシステム」の構築を目指して、既に10年余が経過しましたが、なかなか進展していないのが実態ではないでしょうか。

ひとくちに「地域」といっても、通所・訪問など介護事業所が乱立し飽和状態にある地域がある一方、介護事業所が不足していて、ともすれば便利な新サービス自体が存在しない地域もあります。これは市町村・事業者の双方が、介護事業を地域に不可欠な「社会インフラ」であると認識していないからではないでしょうか。

また、介護を担う人材の確保について目を向けても、今後の人口動向や、希望職種の意向を見る限り見通しは明るくありません。こうした背景から、2025年までのシステム構築は各自治体にとって困難な課題です。

現在、「地域支援事業の推進」「ボランティアの活用」などの言葉が飛び交っています。しかし、その実現には地域社会の実態把握と市民生活に合致したビジョン、そして具体的なバックアップが必要です。正直なところ、これらは充実しているとは言えない状況にあります。

そのような中で潤生園はこれまで40年間に亘り、高齢者が住み慣れた家庭で人生を最後まで全うできる地域社会を創るため、相談・配食・訪問・通所等のサービスのほか、小規模多機能型居宅介護やサービス付き高齢者向け住宅を複数整備してきましたが、2017(平成29)年6月、更に小田原市内に「小規模多機能型居宅介護・みんなの家たじま」を新設し、また、南足柄市に「地域密着型小規模特養ホーム」及び「小規模多機能型居宅介護」と「地域交流カフェ」を合築した「潤生園みんなの家南足柄」を開所しました。

とくに「潤生園みんなの家南足柄」は、南足柄市のご協力とご支援をいただき、当法人がこれまで積み上げてきた経営知識と豊かな経験を踏まえて、「地域包括ケア」

のモデルを創造する決意でいくつかの新しい試みを導入しました。

この地域は、南足柄市が将来イメージしている新しい福祉圏の一画ですが、新設したこれらの施設は「地域包括ケアシステム」の中核拠点になるはずです。

その一つの試みは、地域の住民の方々に「地域の高齢者介護を担う」という意識が醸成されるように、開設準備中からコミュニケーションを深め、施設をコミュニティの拠点として利用していただき、自主的活動が進展するよう期待し、支援する取り組みです。

また、特養ホームのユニット・ケア3棟は、それぞれ同じ学区の方々が入居され、長年同じ居住地で生活された方々による地縁・血縁のダイナミズムが活かされ、自然な互助の形が発揮されるよう構成しています。

特養ホームの入所者の見舞いに訪れるご家族も、小規模多機能型や交流カフェのご利用者も、同じ学区のユニットのご入所者とお馴染みの親しい人間関係があります。

その上、職員は、潤生園で教育を受け介護経験を積んだ南足柄市民を中心に配属し、自分達の地域の先輩を介護する、「新しい介護の担い手」の形を育むという実験を展開しています。

地元からの人材配置は、もともとワークライフバランスの観点から積極的に取り組んできましたが、今回はその人材配置と育成によって、自分達の地域の高齢者介護を自分達で担うという意識醸成に繋がると大きな期待をかけています。

小規模多機能型居宅介護のご利用者は、特養ホームが閉鎖的な場ではないと理解し、ご自身の終の住処の選択肢の一つとして、ポジティブに考えていただけると思います。南足柄市の地域性を考慮してスタートした新しい試みに、多くの市民の方に関わっていただき、介護や老いの不安を払拭し、皆で支え合い暮らせる安心の拠点として成功させたいと願っています。

なお、まだ青写真もない課題ですが、将来構想として「潤生園の介護」の特長を評価していただく、「看取りケア専門施設」の事業化も、既に俎上《そじょう》に載せています。

それは、「高齢者多死時代」の到来を目前にして、「安心して死を迎えられる場」の必要性を痛切に感じているからです。

私が高齢者の「生・老・病・死」に長年携わってきた経験から、ぜひ見届けたい課題であり、真正面から取り組む必要性を切実に感じているからです。

法人事業概要案内

介護が必要な高齢者を地域で支える

～「市民を介護で困らせない」～

社会福祉法人小田原福祉会
高齢者総合福祉施設　潤生園

2018年2月改定版

潤生園：介護・福祉サービス提供の現状　(2018.2.1)

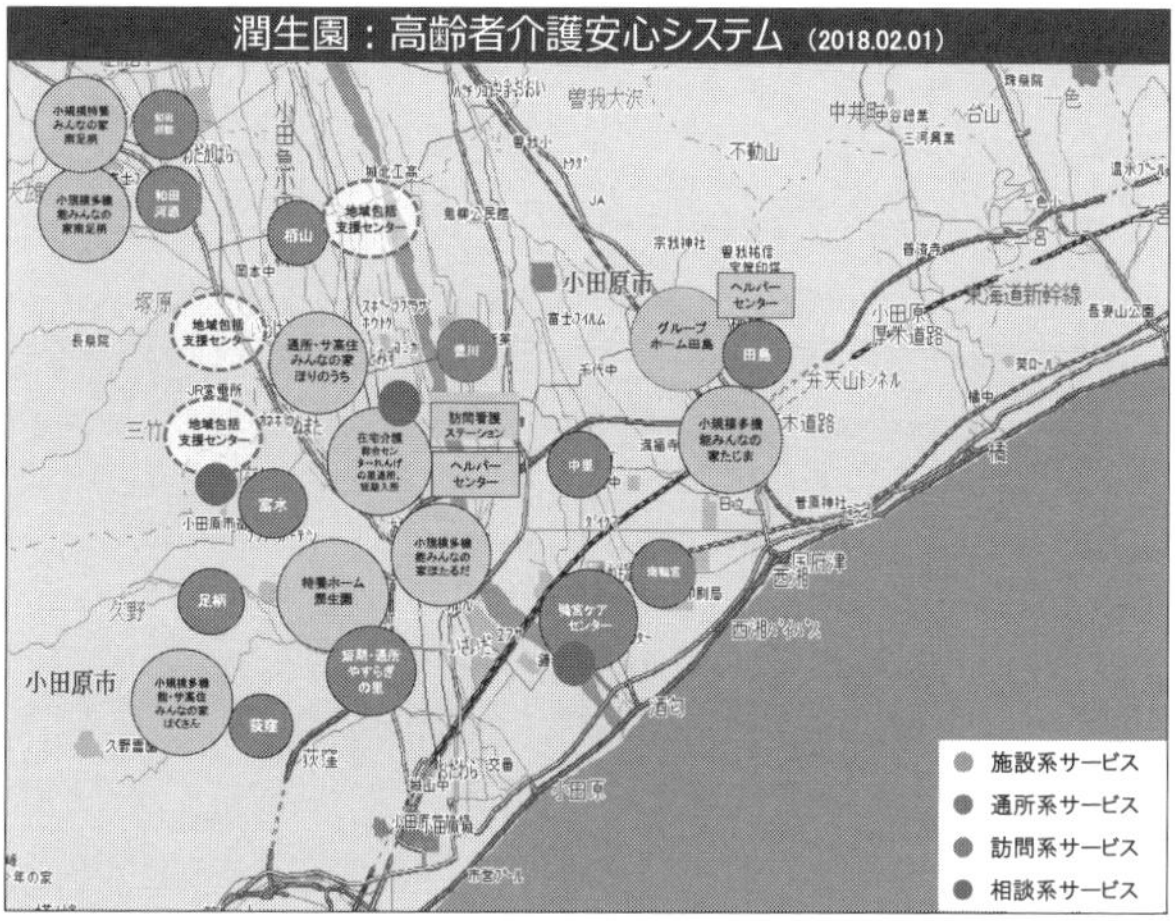
潤生園：高齢者介護安心システム（2018.02.01）
地域包括支援センター
地域包括支援センター
地域包括支援センター
通所・サ高住みんなの家ほりのうち
特養ホーム潤生園
小規模多機能みんなの家ほたるだ
訪問看護ステーション
ヘルパーセンター
ヘルパーセンター
グループホーム田島
田島
小規模多機能みんなの家たじま
中里
富水
足柄
荻窪
小田原市
小田原市
施設系サービス
通所系サービス
訪問系サービス
相談系サービス

特別養護老人ホーム　潤生園
（1978年創設）
在宅介護総合センターれんげの里
（2006年開設）
小規模通所「やすらぎの家・足柄」
（2005年開設）
小規模多機能居宅介護・みんなの家ほたるだ
（2014年開設）

みんなの家南足柄　外観

みんなの家南足柄　天井が高く明るい談話室

第7章

宿命を使命に変えて生きる

振り向けば今に続く道がある

私は、1927（昭和2）年、東京日本橋の病院で未熟児として生まれました。90年の人生を振り返ると、今に続く真っすぐな道があったように思います。そして人生には無駄が一切ないとも思います。

私が生まれた頃は日本全体が不安を抱えていた時代でした。第一次世界大戦後輸入が輸出よりも増え、経済不況の中、株式の大暴落をきっかけに社会恐慌が起きました。更に1923（大正12）年9月に起きた関東大震災は、マグニチュード7・9、被害は一都六県に及び、被災者数は340万人、死者は約10万人を数えました。その復興もままならない1929（昭和4）年10月、再び起きた世界大恐慌の影響を受け、日本産業は合理化や操業短縮を迫られ、生活困窮に耐えかねた労働者により各地で労働争議が頻発。政府は銀行や企業救済法案の処理に失敗し、内閣が倒れて金融恐慌を招きました。

そのような社会を反映して社会主義運動が激しさを増し、社会生活に暗い影を落としたのです。労働争議の多くは労働者側の敗北に終わり、空しく敗れた人々を待ち受けたのは満州事変に始まる長い戦争の時代でした。

私の父は東京大学出身の医師で母は看護師でしたが、生後間もなく両親が離別し、母は働きながら育てられず実家の祖父母に私を預けたため、幼少期は松本で過ごしました。

松本での生活は叔父の勧めた柔道で心身を鍛え、勉学にも身を入れることができたので有意義に過ごしました。当時は第二次世界大戦の真っ只中でしたから、級友の中には陸軍士官学校や海軍兵学校などに進学する者が多かったのですが、私は長野県知事の推薦を受けて、満州建国に伴って創設された「満州国立建国大学」へ進学しました。

生命と平和の尊さを骨身に刻んだ戦争体験

満州国立建国大学は「五族協和」の旗印のもとに、日本、中国、韓国、蒙古、白系ロシアの5カ国から学生を選抜し、満州国の官僚を養成する目的で、1938（昭和13）年に創立された国立大学です。

学校は首都・新京市に置かれ、満州国総理大臣が学長を兼務する最高学府でした。学費負担は全くなく給与の支給もありました。また兵役免除の特典も付いていました。教員は一流の研究者揃いで自由な議論ができるという話でしたが、情報がない中どんな生活が待っているのか詳しくは分からず無頓着に渡満したのでした。

大学に入ってみると、宿舎は24時間生活を共にする多民族による共同生活でしたが、私の場合は他の学生とは別に大学の医務室に寝泊して、医師の補助者として学生のけがの治療に携わりました。

学内での公用語は日本語と中国語で、生活の全てが異民族同士の共同生活で、軍隊同様の集団生活でした。当時の主食は雑穀やトウモロコシで、食文化の違いに驚きました。生活で最も困ったのはシラミで痒くて寝られないことです。下着に付いたシラミはマイナス30℃の戸外へ干し、外気に当てて凍らせ駆除しました。寝巻きなど着て寝ると、縫い目にびっしりとシラミが付くので、裸で寝る習慣が身に付きました。

この大学の教育目的は五族協和による理想の国家建設であり、教育は一方的な詰め込み主義ではなく、教員の指導のもとに少人数の学生が集まり、各自関心のあるテーマを研究、発表し討論するという今でいう問題解決能力を養うアクティブ・ラーニングが中心でした。学習は外国語と一般教養の教科が主で、また戦時下ですから軍事演習や武術訓練が連日の日課でした。

ところが、そのような学生生活は長くは続きませんでした。中立条約を結んでいたはずのソ連が国境を越えて侵攻し、首都・新京は突然戦争の最前線になり、全学生に召集令状が下され兵役に就くことになったのです。思いもよらない事態でしたが否も応もありません。

考えてみれば入学した頃には既に情報が管理され、満州国を巡る情報などは全く閉ざされていたのです。満州国が諸外国からどう見られ、今後どのような経過を辿るのかなど全く知らされなかったのですが、満州に来たことを嘆いている暇などありません。戦場では防御を目指して戦車壕を掘る作業に没頭しました。

当時の戦況は、強大な軍事力と経済力を持つ連合軍の攻撃を受けて、悪化の一途を辿っていました。日本は次第に制空権や制海権を奪われ、全土が空襲の被害を受けるようになり、国民の日常生活は崩壊状態でした。そして広島、長崎への原爆投下によって、日本はポツダム宣言[*3]を受諾し降伏して終戦を迎えたのです。

この敗戦で満州国は滅亡し、満州国立建国大学は消滅しました。私たち学生は、国家がなくなり無秩序になった社会で大混乱の窮地に立たされました。

とくに悲惨だったのは、ソ連軍の最前線部隊による昼夜に亘る略奪や強盗・殺人など、犯罪行為に曝《さら》されたことです。鬼畜と化した屈強な兵隊に見つかれば、貴金属は奪われ、女性は犯され、逆らえば生命を奪われます。容赦ない暴力に対して、誰もが身を守るのが精一杯で逃げ惑いました。

幸い私は中国人の同窓が匿《かくま》ってくれ生命に事なきを得たのですが、全ての社会体制が崩壊し、食料など生活物資が購入できなくなりました。栄養失調で気力や体力が失われ生死の境を彷徨《さまよ》いました。無残な戦争を体験し、人間を「人でなし」にする戦争の愚かさを心から憎みました。

数名の日本人同期生と共に、数日の間貨物列車に隠れて過ごし、日本に最も近い大連に辿り着きました。しかし既に港湾や海上交通は封鎖され足止めされてしまいました。

やむなくそのまま大連に留まり、飢えを凌ぎ生きるために、芋菓子やトウモロコシ粉のパンを売る屋台商売をしました。それは見様見真似の必死の商いでした。

その後約1年半に亘って抑留生活を過ごし帰国できずに苦労しましたが、ようやく引き揚げ船に乗ることができ無事に帰国することができました。

私が生命と平和の尊さを語るのは、そうした実体験を生命に刻んだからです。絶体絶命の状況におかれた経験から、他者に頼らない覚悟と自立心が培われたのです。

１９４７（昭和22）年２月、ようやく帰国したものの小田原の我が家は空襲で焼かれ、家族は仮設住宅で細々暮らしていました。

小田原市は、終戦前日の１９４５（昭和20）年８月14日、アメリカ軍の最後の爆撃機が不要になった爆弾を落とし、空襲の被害に遭ったのです。戦闘が激しい時でなく、戦争が終わっているにもかかわらず被害に遭うというのは、仏教で言えば「福運」が全く切れた状態だったのでしょう。

しかし、私は満州で体験した地獄の苦しさを顧みると、引き揚げてきた日本での貧しい生活に少しの苦労も感じることなく生きることができたのです。

使命と天職に生きる

帰国して間もなく、同じ町内に居住する市議会議員の方のご紹介をいただき、小田原市役所の職員採用面接を受ける機会を得ました。

その方とは全く面識がなかったのですが、外地から引き揚げてきた同町内の青年と知って、「自分が保証人になるから挑戦してみたらどうか」と、わざわざ訪ねて来られたのです。幸い面接試験は無事合格し、地方公務員として就職することができました。

こうした親切や気遣いは今はほとんど見られなくなりましたが、「困っている人を見過ごせない」という私の性格の背景には、多くの方に親切にしていただいた恩返しの気持ちが強く残っていると思うのです。

小田原市役所職員に採用され、配属された職場は民生部厚生課で、生活保護の担当を命じられました。その時は、以後の人生を想定することなどできるはずもなかったのですが、振り返るとそれがソーシャルワークとの貴重な巡り合わせであり、現在まで社会福祉の道を一途に辿ってきた出発点だったのです。

ところで、当時の福祉政策は慈恵的な性格が根強く、「権利としての福祉」などの理念もなく、博愛やノーマライゼーションなど先進各国の思想からは程遠いものでした。

生活保護費の支給は、支給日に被保護者が市役所の窓口に並び、袋に入れた保護費を手渡される方式でした。中には背中に赤ちゃんを背負い、両手に子どもの手を掴んだ母親や、身体の弱ったお年寄りもいて、肩身の狭い思いをさせることに心が痛みました。

当時は戦後の復興期であり、物資が不十分な中の配給制度です。全ての国民が貧しさに堪えていた時代ですからやむを得なかったのですが、私はその光景を見るたびに、政治の過ちが国家を誤らせ、国民を塗炭《とたん》の苦しみに遭わせる元凶であると心に刻みました。

その後福祉政策のベースになる市営住宅の建設事務を経験し、次に急務の政策の一つであった国民健康保険事業の創設に携わりました。

社会保険加入者以外の市民の地域医療保険をつくる仕事です。日本の占領政策を取り仕切る連合軍総司令部（ＧＨＱ）から勧告が出され、全自治体が実施することを義務付けられていました。

この事業は神奈川県内では「前例」がなく、制度設計に創意工夫が必要でした。事業の手がかりは薄い手引書１冊です。しかも、市民一人ひとりが年間どのくらい医療費を支出しているのか、どんな仕組みで保険料を算出するのかなど、制度設計の肝心なことは全く何も分からなかったのです。

戦後の混乱期ですからどこの家庭も家計簿など付けていません。また、家計が逼迫していますから、税金も納付できない中で新たに保険料を賦課徴収するなど、当然ながら困難が想定されましたし、更に、医師会は保険制度の創設に大反対していたのです。

しかし、この政策施行はＧＨＱが監視しています。そこでまず、全世帯の医療費調査を実施し、必要な医療費を算出して、その分析結果から保険料を算出しました。世帯割・人頭割・所得割・資産割など、バランスを加味して保険料を算定するという作業は、大変なエネルギーを要した仕事でした。まだ電卓もコンピュータもない時代で、全て「そろばん」による手作業です。また、市内各地で70回を超える説明会を開き、なぜ今、国民健康保険が必要なのか、制度の意味を理解していただくように努めました。

当時は自由診療のため貧しい家庭は医療を利用できず、乳児死亡率が極めて高い時代でした。国民健康保険によって生命が救えることを説明し、また、保険料を払っても生活が成り立つように保険料の設計を約束しました。

説明の甲斐があって市民の協力が得られ、真摯に取り組んだ結果、当初５００万円以上の赤字を想定してスタートした事業は、初年度は僅か70万円余の赤字で決算でき、成功を収めたのです。

続いて市立病院の建設と経営に携わりました。ちょうど日本の医療体系が、ドイツ・モデルからアメリカ・モデルへ大転換している時期でした。

私は新しい病院経営を学ぶため、当時、国立東京第一病院の中にあった「厚生省病院管理研修所」に通学し、体系的な病院管理学を学びました。

そこは、日本の病院トップの経営知識の不足や、経営管理・患者管理等の不徹底を改善指導する機関で、年配の病院管理者や医師が中心でしたから、事務職の青年が学ぶのは珍しく、研修所長から大層親身になって教えていただきました。

アメリカ・モデルはチーム医療ですから、新設の市立病院には当時の日本にはまだなかった「病棟医制度」を導入し、朝から入院患者を診療する仕組みを創りました。

また、医師の確保は専門性を重視し、優れた専門科ごとに各大学から招聘し、看護師は日赤から総婦長・婦長級の人材を招きました。

当時、各地の市立病院は赤字経営でしたが、学びと研究の結果、収支バランスが採れる経営基盤を創り上げることができたのです。

国民健康保険と市立病院の創設に関われたのは、大変よい巡り合わせで幸運でした。公務員が斬新なシステムを創設するチャンスなど滅多にないからです。２つの事業の創設が予期以上の成功を収めたことは、私にとって他に代え難い経験でした。

この結果から「人は学びを深め、よく創意工夫を凝らし、努力を重ねれば、結果は付いてくる」と確信したのです。それはその後の人生の大きな指針になりました。

振り返るとこれらの仕事は全て「人の生命と生活」を支える仕事です。

それらの経験の全てを集約した結果が社会福祉法人の設立であり、特養ホームの建設と経営に結び付いていること、高齢者総合福祉施設潤生園を創り介護に悩む人々を支援していること、こうした様々なことを通して日々福祉や介護に献身していると気付いた時、これは将《まさ》に天職であり使命の不思議さに感動しました。

後にそれこそは釈迦の教典が訓《おし》える「願兼於業《がんけんおごう》」（願、業を兼ぬ。願って宿命を背

若き日の著者

負い、自身の生き方や行動を通して、生命の尊厳と価値を示していく、の意）という法理で、生命の尊厳と介護の価値を示すことが私自身の使命であると確信でき、生涯の目的を掴んだのです。

実のところ、半世紀以上を経た現在も日本の福祉政策はヨーロッパ各国の博愛精神に基づく福祉政策と比較して底が浅く、甚だ残念な状態です。

この変革のためには、国民に対して世界の情報を正しく伝えると共に、教育によって国民意識の向上を図ることが極めて重要だと思います。まず知らなければ、心が動かないからです。

世界人権宣言は１９４８（昭和23）年に制定され、「全ての人間は、生まれながら自由で、尊厳と権利とについて平等である」と人間の固有の尊厳について謳ったのですが、日本の福祉政策に尊厳が明文化されたのは２０００（平成12）年の社会福祉法です。このタイムラグが福祉政策の貧しさを物語っていると言っては言い過ぎでしょうか。

松下電器産業を一代で築き上げ、経営の神様と謳われた松下幸之助氏は、1989（平成元）年94歳で亡くなりましたが、生前次のような言葉を遺しています。

今日までの自分を考えてみると、やはり90％が運命や。日本人として生まれたのも、この時代に生まれたのも、わしの意志ではない。たまたま、偶然に生まれてきた。生まれた家も、環境もいわば運命や、わしが決めたものではないわな。（中略）そう考えてみると、人間はほとんどが運命やと、つくづく感じる。

まさしくそれが天命ということだと思うのです。

また、日本の憲政の神様と称され、議会政治の父と謳われた尾崎行雄氏は、1954（昭和29）年に95歳で亡くなりましたが、生前に、これまでの人生は序幕であり、人生の本舞台は常に将来にあり、知識経験は死の直前が最も豊富な時であり、他人に譲ることができないのだから、生きているうちに使わなければならない。

との示唆を遺しています。この言葉はまさに至言であり、私の人生観の一助となっています。

（＊3）1945年7月26日にアメリカ合衆国大統領、イギリス首相、中華民国主席の名において大日本帝国（日本）に対して発された、「全日本軍の無条件降伏」等を求めた全13か条から成る日本への降伏要求の最終宣言。米英中三国共同宣言ともいう。

第8章

人生100年時代を迎え超高齢社会への処方箋

超少子高齢化の深化と人口構造変化への対応

人間の健康を基本的人権の一つと捉え、その達成を目指す国際連合の世界保健機関（ＷＨＯ）は、憲章第一条で「全ての人々が可能な最高の健康水準に到達すること」を目的に創設され、現在１９４の国と地域が加盟しています。

国連の定義では、総人口のうち65歳以上の高齢化率が14％を超えた社会を「高齢社会」、21％を超えた社会を「超高齢社会」としていることはよく知られています。我が国は２００７（平成19）年に高齢化率が21・５％を超え、２０１６（平成28）年には総人口１億２６９３万人を数え、高齢化率は27・３％を占め、世界一の超高齢社会を実現しています。

そして、高齢者人口はこれからも増え続け、２０３６年には３人に１人が高齢者になり、２０４２年に高齢者数は３９３５万人でピークを迎え、その後は減少に転じると推計されています。

しかし、総人口数が減少するのに反して高齢者は増加しますから、高齢化率は更に上昇が続き２０７７年には38・４％に達し、国民の４割弱を高齢者が占める、人類未踏の社会の出現が予想されています。

また、逆に生産年齢人口（15～64歳）は、１９９５（平成７）年に８７１６万人で頭打ちになり、その後減少に転じて２０１３（平成25）年に７９０１万人に減少し、１９８１（昭和56）年以来32年ぶりに、８０００万人を割り込んでいます。

このようなかつてない「超少子超高齢社会」の出現は、これまで誰も予想してこなかったため、それがどのような社会なのか想像さえできません。また、どのような対策が必要な社会なのでしょうか。

現在でも社会保障費は一般会計の３割を占めています。そのため財務省をはじめ学者・研究者の中にはかなり悲観的な見方をする人もいます。しかし、国民総生産（Ｇ

NP）比で言えば、2018（平成30）年度は21・5％、2025年度では21・8％、2040年度では24・0％で、その間の上昇率は僅か2・5％ですから、社会保障制度を維持することが不可能ではないと言えます。何よりも国民に制度の価値を評価していただく必要があるでしょう。むしろ給付を過度に抑制したり、家族の負担能力を超えてまで在宅介護を強いれば、介護を担う家族は体調を崩し、在宅療養は維持できなくなります。また、介護職として働く人々が介護離職するなど、社会問題が拡大する恐れがあるのです。

今はまず、現在の支え手を維持するためのサポートを強化しなければなりません。特に介護と家庭生活との両立が図れる支援策として、多様な働き方ができる仕組みの構築や就業環境の整備としての職住近接など、支え手を増やす具体策が必要になっています。介護職については、他の産業より低い現在の報酬水準を、介護の負担に見合う水準に改めるべきでしょう、家族介護については、法制度の改正を伴いますが、財産相続の場合、「介護を直接担った家族」を優遇する仕組みに改め、介護を社会的な貢献として評価する必要があるのではないでしょうか。

2000(平成12)年に施行された介護保険制度は、「介護の社会化」という目的を相当に果たしていると評価できますが、一方で2015(平成27)年頃からほころびが目立つようになってきました。

その一つは、制度の仕組みが硬直化し、実態と合わなくなってきたことです。

例えば「介護報酬算定基準」と「経営実態調査の数値」には著しい乖離が生じ、算定根拠の説明ができない状況になっています。神奈川県の場合を例示すれば、上乗せ割合のない無給地の給与が、給地区分の高い地域の給与より高いという逆転現象が起きています。全県一律の介護報酬に設定するなど、早急に是正措置を講じる必要があります(次頁、次々頁図表参照)。

また、介護保険制度は3年ごと、サービスごとに見直されることになっており、短期間で経営ベースが変わるため事業経営は不安定で、リスクの高い事業として介護事業に対する金融機関の評価は高くありません。更に「社会保障」という視点よりも、産業政策と同様に経営視点が重視され、「人間の福祉」が後回しにされる現状を危ぶ

●「介護報酬算定基準」と「平成29年度経営実態調査」の比較

<table>
<tr><th colspan="3">介護サービス毎の人件費割合（A）</th><th>平成29年度経営実態調査結果の数値（B）</th><th>第148回
給付費分科会資料7
（29.10.27）</th></tr>
<tr><td rowspan="3">上乗せ割合</td><td>70％</td><td>訪問介護／訪問入浴介護／訪問看護／居宅介護支援／定期巡回・随時対応型訪問介護看護／夜間対応型訪問介護</td><td>訪問介護76.1％・訪問入浴65.1％・訪問看護78.3％・居宅介護支援84.1％・定期巡回随時対応型訪問介護看護81.6％・看護小規模多機能型居宅介護66.8％</td><td rowspan="3">介護報酬について
各サービスの人件費割合については、平成29年度介護事業経営実態調査を特別集計し、その結果を踏まえて必要に応じて見直しを行うこととしてはどうか。
※サービスごとの人件費割合
（A）介護報酬算定基準の数値
（B）29年度実態調査の数値
比較すると算定基準は著しく低く設定されている。
報酬算定基準としては極めて適切性に欠けているので、実態調査に即して人件費割合の基準値を改正する必要がある。</td></tr>
<tr><td>55％</td><td>訪問リハ／通所リハ／認知症対応型通所介護／小規模多機能型居宅介護／看護小規模多機能型居宅介護／短期入所生活介護</td><td>訪問リハ65.2％・通所リハ64.6％・認知症対応型通所介護68.3％・小規模多機能型居宅介護67.6％・看護小規模多機能型居宅介護66.8％・短期入所生活介護64.0％</td></tr>
<tr><td>45％</td><td>通所介護／短期入所療養介護／特定施設入居者生活介護／認知症対応型共同生活介護／介護老人福祉施設／介護老人保健施設／介護療養型医療施設／地域密着型特定施設入居者生活介護／地域密着型老人福祉施設入所者生活介護／地域密着型通所介護</td><td>通所介護64.2％・特定施設入居者生活介護46.0％・認知症対応型共同生活介護62.7％・介護老人福祉施設64.6％・介護老人保健施設60.1％・介護療養型医療施設60.0％・地域密着型老人福祉施設入所者生活介護64.6％・地域密着型通所介護64.0％</td></tr>
</table>

●神奈川県市町村別・介護職員１人当り平均給与費（労働分配率）比較

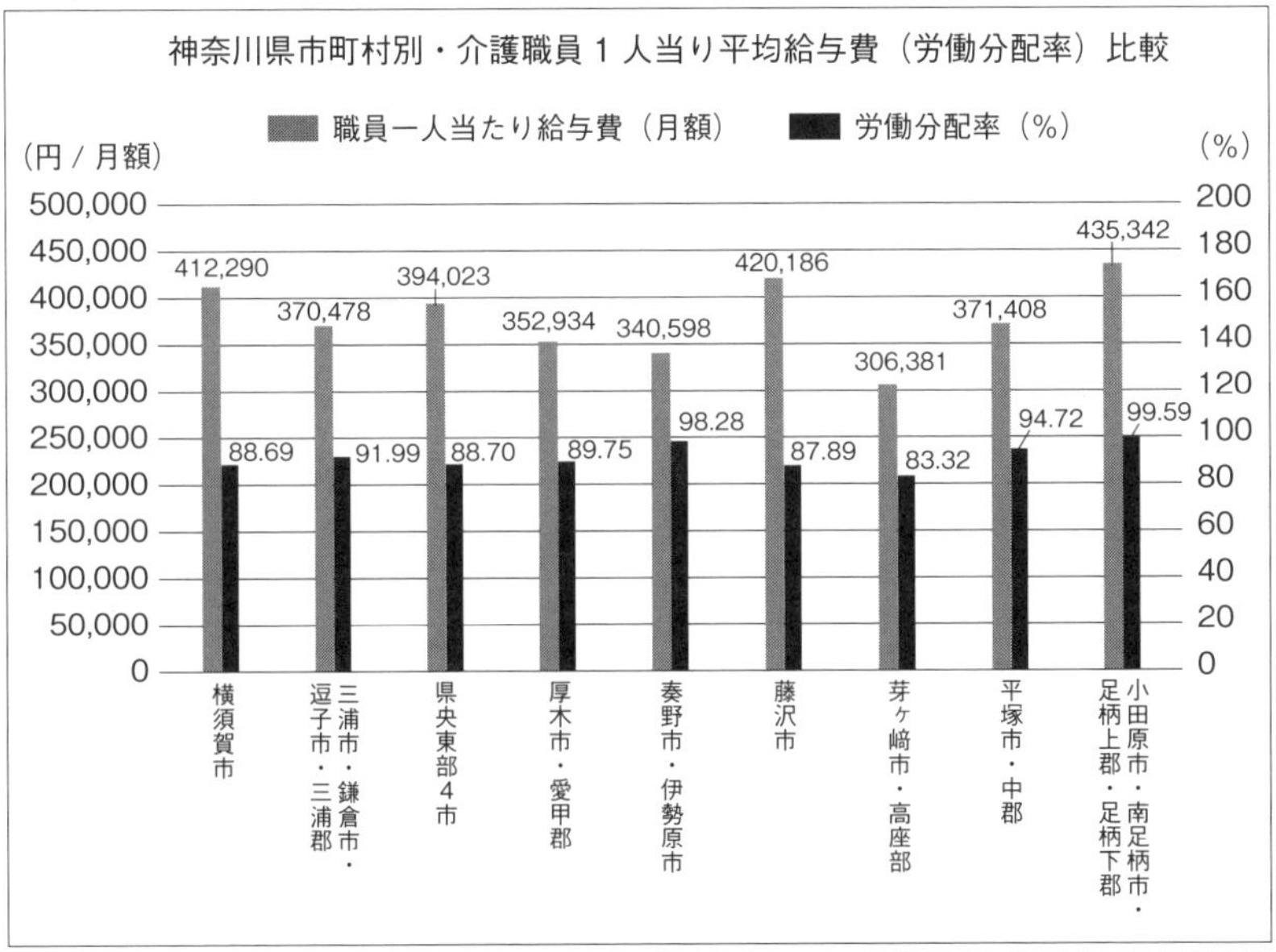

平成27年度「神奈川県域 特別養護老人ホーム 実態調査」経営分析結果報告書
（平成29年1月 一般社団法人 神奈川県高齢者福祉協議会）をもとに作成

む声も少なくありません。

介護事業は今や、あらゆる業界から参入しやすい制度ビジネスと捉えられている面もあります。しかし、そもそも財源は65歳以上の高齢者の保険料を中心に、40歳以上の保険料が主体で、国や県・市町村の税金を加えた公費ですから、介護サービスに期待されるものは、社会生活を維持するための基幹的なインフラとしての役割を果たすことです。大前提として国民のための公的なシステムであることを、新規参入する事業者には認識して欲しいのです。

一方で、高齢者介護が有望なシニアビジネスとして捉えられた現実も、直視しなければならないでしょう。これまで長期間に亘り、産業界がターゲットにしてきたファミリー層や若年層が少子化によって市場が急速に先細り、経営危機が高まる中、そのターゲットをシニアにシフトしたことは必然と言えます。

また、有料老人ホームの急速な拡大から始まったシニアビジネスが、介護保険という制度の創設をビジネス・チャンスと捉え、進出してくることは当然想定されました。更に言えば、国民の消費者意識の高まりに伴い、より良いサービスを期待するシニア層のニーズにマッチしたサービスの提供が必要とされたことも有望なビジネスと捉えられた所以でしょう。しかし、利益を目的とする企業の無秩序な参入によって、国民の貴重な財源が蝕まれていく現実を許してよいのでしょうか。

社会福祉法第三条・第四条・第五条には、社会福祉事業を営むものに課せられた使命として「サービスの総合的・一体的な提供の責任を果たす」ことが明示されていきます。参入される事業者の方は、このような認識を持っておられるのでしょうか。現在の地域社会の実状は、「地域包括ケアシステムの構築」など到底不可能なほど大小多くの事業者により虫食い状態にされ、制度の持続可能性さえ危ぶまれているのですから、保険者として地方自治体が早期に対応策を講じることが求められているのです。

２０１５（平成27）年の介護保険法改正では、費用負担の公平化を図るために一定以上の所得がある人の自己負担割合が引き上げられ、利用者の約12％が「２割負担」になりました。介護保険制度に初めて応能負担が導入されたわけですから、制度の本質的な変化と言えるでしょう。更に、２０１８（平成30）年８月から再度引き上げられる自己負担割合において、その基準額が法律に依らず厚生労働省令により決定されたため、将来も年収基準が法律に依らずに引き下げられる可能性が開かれているのです。今後制度を担う国民も相応の負担増を覚悟しなければならないと思います。

前述の通り、介護保険により介護の社会化は一定の成果を挙げ、消費税増税の再延期もあって財政事情が厳しさを増す中で、その役割をよく果たしたと評価したいと思います。しかし、想定を上回る急激な人口構造の変化や介護量の増大等により、保険給付費と保険料の上昇は避けられず、将来への不安要因は増しています。

また、予想を超えたマンパワーの必要性に直面し、今や外国人人材の導入に期待せざるを得なくなっています。このような課題が山積していますが、今こそ国民の総合力で乗り越えなければならない時を迎えています。

ところで、現在、国が政策を推進する場合、各省庁は関係するステークホルダーを集め、各専門研究者等の参画を求めて、審議会方式で意見を集約し調整する仕組みが採られていますが、果たしてこれでよいのでしょうか。

実態は行政目的に沿った結論を導き出すためのセレモニーに過ぎないと言う声もありますし、民主的手法を装ったガス抜きであると言う意見も聞かれます。このような批判が生じることは決して好ましいことではないのですが、審議会そのものが利害関係者の集合体ですから、誰もが関係団体に有利な結論に導きたいので、「国民の視点」という大局観に立った議論が期待できないと思われているのでしょう。

それでは本質的に、誰が何処でどのような方法で議論すれば、中立性を担保できるのでしょうか。一つの方法として考えられるのは、憲法第41条は、「国会は国権の最高機関であって、国の唯一の立法機関である」と定めています。したがって、総ての責任と権限は「国会」が担うべきだと思いますし、国会議員による社会保障を審議する場を設定し、議論すべきではないでしょうか。その場合の議事運営のサポートは、国会事務局が国の内外から専門家を参考人に招き、議員が意見を交わして結論を導き出す仕組みに改めればよいと思います。現在のように審議会等に丸投げしていては、国会は怠慢のそしりを免れないでしょう。

具体的には衆参両院の国会事務局が、全ての事務的な役割を担うべきです。因みに両院の国会事務局には総員４１１６名の極めて多数の公務員が配置されていますから、役割分担すれば十分可能であろうと思います。ただし、国会事務局は、２０１８（平成30）年2月に自由民主党から非効率な行政機関であると指摘を受け、現在、行政改革を迫られています。一般行政庁の事務次官より給与の高い職員がいること等の指摘がされていますので、その結果を待たなければなりませんが、積極的な行政改革がなされれば対応は十分可能であろうと思うのです。

なお、このような問題は、地方自治体の場合も同様です。首長と地方議会は二元性に基づき共に選挙で選ばれ、責任も権限も同等に担う立場ですが、そのような意識で住民は議員を選んでいるでしょうか。また、議員もそのような自覚で責務を果たしているでしょうか。議員は議会活動のための「議会条例」を自ら制定し、行動規範を定め、事務局機能を強化して住民の要望を実現するために条例を発議できるくらいの学習をして欲しいのです。

また、少なくとも議会開催前後には「住民集会」などで住民と意思疎通を図り、代議制度で託された責任を果たす使命があります。現在、国政や地方自治体における議員の活動を、住民が直接耳にする機会が乏しく、政策の内容も目にすることがほとんどないため、住民と議会あるいは議員との関係が希薄になっているのが実態でしょう。

介護の問題についても、矛盾している課題は少なくありません。例えば、「オムツやオムツカバー代等」の費用は、在宅療養の場合は概ね自己負担ですが、介護施設に入所すれば老人・障害・児童施設まで費用負担は全て施設負担で、自己負担はなくなります。言わば療養する場所によって、「オムツやオムツカバー代等」や「洗濯代」などの費用負担が異なるのです。更に矛盾しているのは、病院へ入院した場合は「療養の給付と関係がない」という理由で、「オムツやオムツカバー代等」や「洗濯代」は全て自己負担です。なぜ、排泄という人間が生きる上で絶対欠かせない生活費用が、介護施設と病院（医療機関）、介護施設ケアと通所・ショートステイなどの在宅ケアで費用負担が異なるのでしょうか。これらの問題は、審議会等で議論されたことがないのですが、介護保険事業の本質的な議論として挙がらないのが不思議です。

ところで保険者は市町村ですから、このような問題は保険者の裁量に任されているので、矛盾する課題については地方議会でも指摘し、議論して正す必要があります。実現すれば全国的なモデルケースとして、高い評価を受けるでしょうし、在宅で療養を余儀なくされる人々の福祉の向上のほか、介護施設の経営改善にも繋がるのですから、検討に値する課題であると思います。


これらの介護の問題は、普段元気に暮らす人々にとっては、他人事でしかなく日常的な関心事ではないと思われますが、いつかは誰もが当事者になるのは避けられないと思いますので、介護政策や福祉事業についてはその在り方について関心を抱き、それぞれの立場で意見を持つべきだと思います。

特に介護の問題は、高齢者や障害者など弱い立場の人が対象ですから、できれば直接家庭を訪問し実状を見たり聞いたりして、要望を誠実に受け止めて、できる限り改善に努めることが政治や政治家の基本的な使命であろうと思います。

「老衰」や「障害」を抱えて生きる厳しさや、生活困難を抱えている実状を、普通に暮らす人々が理解するのは難しいと思いますが、介護や福祉に携わる当事者は努めて理解と努力を惜しまないように心掛けたいものです。

また、他者に対する支援はいくら努力し経験を重ねても十分ではないと自戒し、「もっと自分を磨こう」と謙虚に学び続けることが大切です。

介護という仕事は、まさに人間修行であり「聖業」なのです。今の世の中で、このように自己を磨き人格を高める機会が得られ、生きがいが持てる仕事が他にあるでしょうか。介護についてはまだ社会一般の認識は十分ではありませんし、政策的な評価も低いのですが、金銭に替えられない貴重な価値が得られることに感謝を忘れてはならないでしょう。そして、その全ては介護が必要な方々がおられ、我々に介護の機会を与えてくださるおかげなのです。

医療制度の抜本的な改革への提言

これまで法律等で定められ常識化している制度や政策も、歳月の経過や内外環境の変化に伴い改革や改善が必要になります。そうした課題については、大胆なイノベーションによる対応が必要になるでしょう。しかし、政府や国会・地方自治体等の対応は、国民の眼から見るとかく逡巡や停滞が目立つように思われます。私は、国民生活については行政の関与や規制はできるだけ外して、国民の自由な発想を尊重すべきだと考えます。世界的に貿易の自由化や情報のグローバル化が進んでいる現在、国民の多様な知力や経験を結集したほうが国力も強まり、世界の趨勢に伍していけるようになると思うのです。

社会保障制度は医療制度改革が優先課題

現在の社会保障制度改革の中心課題は、医療制度改革です。第一に取り組むべきは医療資源の平準化でしょう。都道府県別に人口規模で比較した場合、現在、病床数や医師・看護師などの配置に著しい格差が生じており、まずはその是正が必要でしょう。

これらの社会資源は、主に四国・九州等を含めた西側に偏在しており、東京・名古屋などの大都市圏を含めた東側と比較すると、極端に不平等・不均衡な状態が長く続いています。

例えば、都道府県別人口10万人当たりの「全病床数」は、最高数である高知県の２５２２・４床に対して神奈川県は８１０・５床で、その差は３・１倍以上の開きがあります。その内「一般病床数」は、高知県が人口10万人当たり１０７７・２床に対して埼玉県は４９０・２床ですから、その差は２・２倍です。また「療養病床」については、高知県が人口10万人当たり928・4床に対して宮城県は134床ですから、その差は実に6・9倍にもなります。なぜそのような異常な格差が生じているのでしょうか。

また、日本の1日平均在院患者数は、人口10万人当たり全国平均1009・4人です。都道府県別に見てみると、高知県は実に2100人を数えます。鹿児島県も1700人を超え、熊本、山口、長崎、徳島、佐賀の各県もそれぞれ1500人を上回っています。しかし、神奈川、埼玉では人口10万人当たり700人以下であり、高知県の3分の1以下ですし、静岡、千葉等の11県はいずれも900人を下回っています。

これらの状況を改めて強調する理由は、現在の医療制度の財源が自己負担約12%、保険料が約48%の他、全体の約4割が公費で賄われているためです。患者数の格差は、そのまま公費を支出する割合に影響しています。その差が3倍以上にもなるという状況が、このまま見過ごされていていてよいのでしょうか。

現状は誰が考えても不合理であると思います。言わば病床数や患者数が多いのは決して自慢できる話ではありません。患者数の少ない県に比較して多額の税金を使わざるを得ないのは、栄養管理の不備など多くの課題について見直す必要があるのではないでしょうか。

国の限られた財源をできるだけ公平に配分するには、適正な数値に平準化する必要があります。そのためには、厚生労働省による全国的な調整が必要ですが、むしろその具体化は当事者である日本医師会や都道府県医師会が、自主的に担うべきでしょう。

これらのことについて、「わたしの構想」（№12、２０１５年6月、（公財）総合研究開発機構）で、吉川洋氏（東京大学大学院教授）は、「大きなリスクを皆で支え合うための皆保険制度に再設計するべきだ」と述べておられます。その上で、「もう一つの課題は、高齢率や疾病を調整しても、なお残る医療費の地域差を是正することだ。病床数や医師数の地域別の違いが、都道府県ごとの医療費に影響を与えていると言われている。都道府県で検討が開始された『地域医療構想』では、都道府県がリーダーシップを発揮し、地域の医師会や大学病院と協力しながら、地域特性を踏まえた計画を作ることが重要だ。地域の医師会の取り組みに期待している」と述べておられますが、まさに「本腰の医療改革」についてのご示唆として、真摯に受け止めるべきではないでしょうか。関係者の良識に、切に期待します。

また、別の視点から言えば、2016（平成28）年1月末の「医療施設動態調査」によれば、日本の病院数は全国で8471、病床数は166万床を数えています。この病床数は人口千人当たり13・3床で、アメリカの2・9床、イギリス2・8床など、先進諸国と比較すると約4倍を超える数値です。なぜ同じ人間の営みに対して、これほど大きな格差が生じるのでしょうか。

改めて言えば、医療制度改革の最大の課題は、「病院改革」であると思います。それは現在の病院体制が次頁の図表の通り極めて多岐に亘っており、敢えて言えば複雑怪奇というべきかもしれません。それぞれ診療報酬が異なっていますから、恐らく医療関係者の方もその詳細は認識されていないのではないでしょうか。しかも国民はどう選択したらよいか、ほとんど理解できないように思います。

●日本の病院体制はこれほど複雑

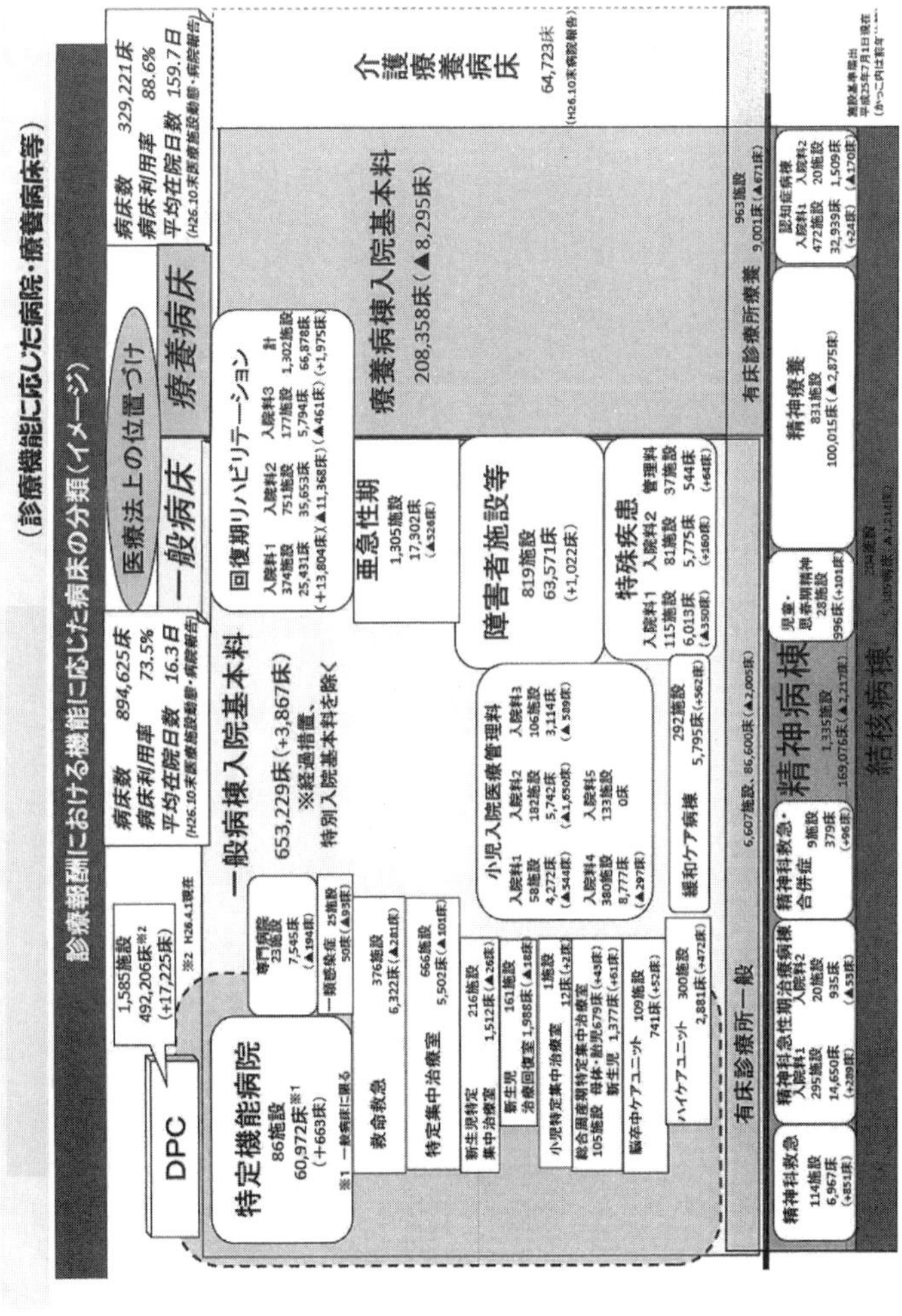

出典：中医協総会資料（平成27年３月４日）

これらのことに関連して、神奈川県立病院機構理事長の土屋了介氏は、前述の「わたしの構想」の中で、「医療の無駄を抑える最大の課題は、科学的根拠の低い治療まで、保険適用になっていることを改めることだ。そのためには中央社会保険医療協議会における、公的保険の適用範囲や診療報酬の決め方を変える必要がある」と述べられています。

病院、病床の地域偏在の課題等はこれまで議論が続けられてきましたが、我が国の医療提供体制が基本的に民間主導の仕組みであるため、国や都道府県等の行政関与は容易ではなく、病床削減計画などはこれまでも数次に亘って失敗の歴史が繰り返されてきたと言われます。今こそ大胆なイノベーションが必要であることは言うまでもないでしょう。

更に関連する別の課題を挙げれば、今インターネットを開けば医療やクスリのコマーシャルが充満しています。テレビではどのチャンネルにも、有名タレントが登場し、製薬会社によるコマーシャルが溢れています。これらは、視聴者を病院に走らせるための宣伝番組と言われ、マスコミを利用して健康不安を募らせ、ひいては国民の医療依存度を高め、医療費の増高に繋がっているのではないかと憂慮に堪えませんが、私の杞憂なのでしょうか。

しかも現在の日本の治療満足度は、ＮＨＫ放送文化研究所の「２０１１年ＩＳＳＰ国際比較調査」によれば、経済協力開発機構（ＯＥＣＤ）31カ国中28位という最低に近い状況ですが、これらのことも併せて、今こそ医療制度の刷新が必要であろうと思います。

認知症治療薬の世界的な撤退と介護への転換

実は、医療改革で見直さなければならない最たるものは、認知症治療薬の問題です。

私は、「認知症は人間が生きる上で避けられない自然の摂理の１つである」という認識で、認知症の人の介護はできるだけ医療に依存せず、環境の整備や人による関わり方の工夫などを重視して対応してきました。近年、認知症に関する情報に触れるたびに、『やはりそうだったのか』と確信を深めるようになりました。

例えば、２０１６（平成28）年7月、米国研究製薬工業協会（ＰｈＲＭＡ）が公表した「アルツハイマー型認知症治療薬開発に関する報告書」では、「過去17年間に臨床試験した新薬候補１２７成分の内、製造承認を得たのは、わずか4成分で確率は極めて低い」と報告されました。

また、２０１８（平成30）年5月29日、時事通信社が報じた「『認知症薬』撤退相次ぐ＝研究成果乏しく―米製薬大手」という記事によると、「巨額の費用が掛かる一方で、治療につながる十分な成果が得られず継続は困難であると判断」し、有名なファイザーやメルク、イーライリリー、ジョンソン・エンド・ジョンソンなど、アメリカの大手製薬各社が相次いで研究開発の打ち切りを発表したのです。

そうした折、更にフランスから大きなニュースが届きました。

フランス厚生省は、去る6月1日にプレスリリースを発表し、「現在アルツハイマー病の治療に使われているクスリを、8月1日から医療保険でカバーするのは適切ではない」と勧告したのです。

フランスには２００５（平成17）年に設立された、高等保健機構（ＨＡＳ）という公的な機関があります。医療保険で給付する薬や医療技術などの臨床効果を評価するこの機関が、アルツハイマー病治療薬の有用性に関する調査結果として、「世界中でこれまでに発表された研究を調べた結果、クスリを使うことで施設入所を遅らせることができたとか、病気の重症化を抑制できたなどという、良い影響を示す証拠は十分でない、むしろ消化器系や循環器系などへの有害な事象を無視できない」と結論づけ、今回の厚生省の勧告となったのです。

日本の認知症治療も、大きな見直しに迫られたということです。

現在、日本国内でアルツハイマー病治療薬として使われている薬は、その添付文書に「本剤がアルツハイマー型認知症の病態そのものの進行を抑制するという成績は得られていない」と書かれています。ですから期待できる効果は認知症の治療ではなく、記憶力などが落ちるのを一時的に緩やかにするに過ぎないのです。

日本では現在、認知症治療薬として使われている医療費は、約１５００億円以上と言われていますが、そのほとんどは無駄遣いとも言えるのです。

フランスの認知症研究は日本より13年も早く、２００８年（平成20）年に大統領直轄の国家プロジェクトとして創設され、日本の７００倍以上の多額の研究費を計上し対策を推進してきました。認知症対策はついに、医療からケアへ大転換したと言えるでしょう（次頁図表参照）。

認知症対策は、生活環境や周囲の人の対応の工夫などにより生活の質が高まり、自立して暮らすことができるなど、未来に明るい希望が開けています。『認知症は天与のもの』であるという、私の40年来の持論が立証される日は近いと確信しています。

●認知症対策の世界的比較

◆世界各国の認知症対策は、大統領直轄のプロジェクトで取り組んでいる例が多いが、日本は漸く2013年に「認知症施策推進5カ年計画（オレンジプラン）が策定された。
　しかし、制度的な位置付けが高くないので、予算規模も極めて少ない。

　2014年1月、東京で開催された「認知症サミット国際会議」に安倍総理が出席し、初めて「国家戦略として認知症施策を作る」と表明、内閣官房・警察庁などを含む10省庁による国家戦略として、認知症対策が進められている。

国名	認知症対策プラン	開始時期
フランス	プラン・アルツハイマー2008〜2012	2001年
オランダ	認知症総合ケアプログラム	2004年
オーストラリア	認知症国家構想	2006年
イギリス	国家認知症計画	2009年
デンマーク	国家認知症行動計画	2011年
アメリカ	国家アルツハイマープロジェクト法	2011年
日本	認知症施策推進5カ年計画（オレンジプラン）	2013年

●世界各国における認知症対策の予算規模

◆世界各国の認知症対策は、予算規模を見ればどの程度重要視しているか解る。フランスが突出しているのは、サルコジ前大統領のもとで2008年から認知症施策が強力に推進され、大統領直轄の任命官が置かれ、5年間で16億ユーロ（1800億円）をかけて、44の施策を実行している。また、アメリカではオバマ大統領が2011年に「国家アルツハイマープロジェクト法」に署名し国家戦略が策定され、認知症対策に取り組んでいる。これらに対して日本の取り組みは、予算的にあまりにも貧弱である。

国名	認知症戦略への予算規模	認知症高齢者1人当り換算（年）
フランス	5年間で16ユーロ（約1800億円）	4万4651円
イギリス	最初2年間で1億5000万ポンド（約210億円）	7500円
デンマーク	2年間で450万ユーロ（5.4億円）	3176円
日本	2013年度に予算37億円を要求	1213円

生涯現役を自覚し超高齢社会を生きる

日本には「老いては子に従え」という古くから伝わる諺があります。2世紀頃のインドで大乗仏教を説いた龍樹という人が、「大智度論」という経典の中で「年が老いた後は何事も子に従うのがよい」と説き、現在もそのような認識で高齢期を生きている人も少なくないように思います。

しかし、既に人生100年時代を迎え、100歳を超えた高齢者が約7万人を数えるほど、人口構造の大変化が起きています。若い世代が減少し高齢者がますます増加していく社会において、高齢者が諺のような従属的な生き方をしたら、日本社会は維持できないのではないでしょうか。

最近、「支えられる側から支える側へ」という、高齢者の意識転換を促す論調が目立ってきたのも、健康で長生きする高齢者が増加し、役割を果たすことへの期待が高まったからでしょう。

現在、国民が抱いている漠然とした不安は、長生きする人生をどう生きたらよいのか、生きる目的や目標が見当たらないことではないでしょうか。長生きすることに困惑しているように見えるのは僻目《ひがめ》でしょうか。

今の社会制度の多くの仕組みは１９７０年代に作られ、時代の変遷と共に手直しされてきましたが、政治・経済をはじめ全てが現実に即さない事態が起き、混迷が深まっているように思います。人は加齢に伴い健康不安が増えたり不自由さが増します。経済的にも年金だけでは長い老後の暮らしを賄えないという不安も強いでしょう。

また、働きたくても自分に合った仕事が見つからないとか、働く仕組みが社会的に整っていないため不安が強いように思います。

それでは、どう生きるべきなのでしょうか。

端的に言えば、他人は勿論、家族に対しても依存心を持たないで最期まで自立して生き抜くという覚悟をして生きることでしょう。そう自覚すれば「老化」の進行も緩やかになり、健康寿命の維持にも役立つように思われます。「老化」とは単に年齢や肉体的な問題ではなく、一歩一歩の人間的な成長の軌跡であると認識し、積極的に生きることが必要ではないでしょうか。

今、90歳を生きる私自身の体験からも、せっかく得た長寿を悔いなく生きるために、誰もがせめて75歳位までは社会参加し就労されるようお勧めしたいと思います。そう心を定めれば心と身体は一体ですから、身体は付いてくるように思います。

また、働くことで生き甲斐が得られれば、健康の維持も経済的なゆとりも持つことができ、安心して生きられるのではないでしょうか。高齢期とは、時間や様々なしきたりの束縛から解放され、自由を満喫できる立場なのです。

世界的に著名なスマートエイジング研究者で知られ、東北大学加齢医学研究所特任教授の村田裕之氏は、「シルバー産業新聞」（平成30年4月10日号）紙上で、「なぜ退職後も仕事を得て、自宅外での活動をするのがいいのか」について、次のように述べておられます。

「第一に生活に余裕が出る。第二に生活にリズムが出る。第三に、仕事を通じて社会とのつながりが保てる」と。そして、「厚生労働省の調査で、高齢者の有業率（仕事を得ている率）が高いほど、一人当たりの老人医療費が、少なくなることが分かっている。つまり仕事を続けている方が、高齢になっても病気になりにくいことを示している。私が知る限り、退職後も適度に仕事を続けている人の方が、何もしていない人よりも圧倒的に健康で元気な例が多い。経済的な余裕と生活のリズム感を得て、生き生きと暮らすことが出来るからだ。以上により私は退職後も何らかの仕事をして、年金以外の収入を得る生活を強くお勧めする」と述べられています。

65歳以上の高齢者（シニア）のうち、約８割は労働力になり得ると主張する研究者もいますから、私自身の実体験でも全く同感です。

近年、高齢期の生き方について、このようなポジティブな認識と新しい示唆が続々出されてきたのは喜ばしいことです。その意味で経験豊かで体力があれば、できるだけ自分の得意な分野で社会参加し、経済力も健康も持続し続けることが、自分自身はもとより社会的にもアンチ・エイジングの健全な生き方ではないでしょうか。

結びに

私たちは、何のために生まれてきて、何のために生きているのでしょうか。

人は誰でも自分の人生を思い描き生きています。それは数えきれないほど多様で多彩なものですが、それがその人の境涯であり生命の傾向性を表しています。

生老病死の実相がその人の生命の「ありのまま」を示しているのであり、仏典では境涯は3000種類にも分かれていると説かれています。

ところで、介護という人との関わりは、介護される人も介護をする人も、その境涯を倖へ導くことができるものです。

それはなぜでしょうか。

自分のことだけでなく、他者の倖に奉仕するからです。

自分の殻に閉じこもっていた生命が殻から抜け出して、他者の倖のために尽くすからです。まさに運命が変わるのです。

介護の仕事は他者に奉仕することで、相手の方も介護者も倖に導く術なのです。

私が、この著書に書いた「潤生園の介護」は、普遍の理念を基に創造した介護サービスです。日本の高齢者と介護者のためにエビデンスの一端を述べたものですが、これから高齢化の波が急速に押し寄せる韓国をはじめ東南アジア諸国の人々や世界中の関係者が困難を乗り越える参考にしていただければ、望外の喜びです。

「真に教養のある人とは誰か、それは常に学び続ける人」と言ったのは、米エマーソン協会の元会長、サーラ・ワイダー博士です。学び続ける生命は常に「今」、「ここから」を出発点にしています。ラルフ・ワルド・エマーソン*は、次のような示唆に富んだ言葉を遺しています。

偉大な栄光とは失敗しないことではない。失敗するたびに立ち上がることにある。敷かれた道を進むより、道なきところに自ら道を築いて進め。

そして、

心の奥底に達してあらゆる病を癒せる音楽、それは温かい言葉である。

と述べています。

一方、エリザベス・キューブラー・ロス女史は、「人間は死の瞬間まで、成長できる可能性を持った生物である。だから希望の小窓を閉じてはいけない」と述べました。

私も人は使命が終わるまで成長し続けると信じています。

しかし、それに気付かない人も多いのではないでしょうか。自分で成長の歩みを止めてしまえばそこで人生は終わりです。

学び続け挑み続けて得る知恵や経験という無形の財産を、死を迎えるまで存分に活

＊ラルフ・ワルド・エマーソン
思想家、宗教家、詩人として幅広い活動を続け、独自の思想は、ソローやニーチェ、日本では宮沢賢治や北村透谷、福沢諭吉など古今東西の思想家や詩人、文学者に影響を与えたとされる。サーラ・ワイダー博士はアメリカ・エマーソン協会の元会長。

用し、社会の発展と人類の福祉に貢献する、そのような倖な道を最期まで歩み続けたいと思います。

人を成長させるものは徹底した自己教育です。それは共に成長する「共育」であり、家庭や職場で人材を育てる「協育」でもあります。真摯に学ぶ一人の行動が波動を呼び、組織全体に学ぶ気運が醸成されます。その意味で、私も生命ある限り学び続け、学びを活かして変革に挑みたいと思います。

事業の成否は一人ひとりが学びを深め、成長するところに帰着するのです。とくに介護の現場は、これから益々深まる超高齢社会への課題の宝庫ですから、一層研究テーマを拡げて社会の発展に貢献しなければなりません。

この拙い著書が、介護に挑戦する皆様にとってお役に立てば幸いです。

現在のように変化の激しい時代には、これまでの知識や経験だけでは生き残るのは難しいでしょう。当法人も含めて一人ひとりが、変わり続ける必要があるのです。特に我が法人職員の皆様には、施設ぐるみでボランティア活動に励み、「無から有へ」

サービスを創造してきた誇り高い歴史を、新たな創造で未来に繋いでいただきたいと願っています。

「論語」には「知者《ちしゃ》は楽《たの》しみ、仁者《じんしゃ》は寿《いのちなが》し」とあります。まさに介護は仁者の営みであり、聖業なのです。

最後に、この書の出版は株式会社日本医療企画社長・林 諄氏のご厚意と同社の編集者各位のご協力がなければ到底成し得ませんでした。改めて深く謝意を表します。また、尊敬する樋口恵子氏の帯のご寄稿に心から感謝を申し上げます。

２０１８（平成30）年７月16日

時田　純

●潤生園　地域包括ケアシステムへの軌跡

1977（昭和52）年6月　社会福祉法人小田原福祉会設立
1978（昭和53）年5月　特養潤生園開設（50床）（国庫補助事業）（1990年・100床に増床・短期30床）
10月　地域・単身高齢者の食事サービス開始（自主事業）
1979（昭和54）年4月　地域・寝たきり老人デイサービス開始（自主事業）
6月　地域・寝たきり老人短期入所開始（自主事業）
10月　ツー・デイサービス（1泊2日）開始（自主事業）
1984（昭和59）年10月　デイ・ツーデイサービス制度化（事業受託）
1989（平成元）年4月　配食サービス（月～土）開始（自主事業）
1990（平成2）年1月　毎日型配食サービス（365日昼・夕2食・見守り）開始（自主事業）
1992（平成4）年6月　『やすらぎの家新屋』開設（自主事業）（1997年5月事業廃止）
10月　社会福祉法人による全国初の介護職員養成研修事業開始（自主事業）
1993（平成5）年5月　配食サービス（兼・見守り）小田原市補助事業受託
1996（平成8）年4月　神奈川県内初の24時間・365日型訪問介護開始（自主事業）
4月　ホリデイサービス・時間延長デイサービス開始（自主事業）
1997（平成9）年6月　『やすらぎの家・久野』開設（自主事業）
7月　訪問看護サービス開始（自主事業）（2007年5月事業廃止）
1998（平成10）年10月　訪問入浴サービス開始（措置受託）（2015年6月事業廃止）

2000（平成12）年1月　訪問介護鴨宮ステーション開設（自主事業）（2007年9月事業統合）
7月　訪問介護荻窪ステーション開設（自主事業）（2007年9月事業統合）
2001（平成13）年4月　訪問介護富水ステーション開設（自主事業）（2009年4月事業統合）
2002（平成14）年2月　『やすらぎの家・富水』開設（自主事業）
4月　訪問介護蛍田ステーション開設（自主事業）（2005年9月事業統合）
11月　訪問介護田島ステーション開設（自主事業）（2005年9月事業統合）
12月　『やすらぎの家栢山』開設（自主事業）
2003（平成15）年7月　『やすらぎの家・成田』開設（自主事業）2014年『やすらぎの家・中里』へ移転
2004（平成16）年5月　『やすらぎの家・豊川』開設（自主事業）
5月　『いきいきふれあいサロン』開設（自主事業）（2006年2月事業廃止）
2005（平成17）年1月　『やすらぎの家・足柄』開設（自主事業）
11月　『やすらぎの家・酒匂』開設（自主事業）　2012年7月「やすらぎの家南鴨宮」へ移転
2006（平成18）年11月　『在宅介護総合センターれんげの里』開設（自主事業）
2008（平成20）年4月　『やすらぎの家・和田河原』開設（自主事業）
4月　『潤生園・夜間対応型訪問介護』開設（事業受託）
12月　『やすらぎの家・荻窪』開設（自主事業）
2011（平成23）年4月　『よりあいどころ・田島（認知症対応型共同生活介護）』開設（事業受託）
4月　『やすらぎの家・田島』開設（自主事業）
2012（平成24）年4月　『潤生園・定期巡回型訪問介護看護』開設（事業受託）

2013（平成25）年5月　『やすらぎの家和田河原別館』開設（自主事業）
2014（平成26）年6月　『潤生園みんなの家ほたるだ（小規模多機能）』開設（事業受託）
10月　『訪問看護ステーション』再整備（自主事業）
2015（平成27）年2月　『潤生園みんなの家はくさん』（小規模多機能）＋『サ高住・みんなの家はくさん』開設
2月　『みんなの家ほりのうち通所介護』＋『サ高住・みんなの家ほりのうち』開設
2016（平成28）年4月　『潤生園東部ホームヘルプサービス』開設（事業受託）
2017（平成29）年6月　『潤生園みんなの家・田島（小規模多機能＋地域交流カフェ）』開設
6月　『潤生園みんなの家・南足柄（小規模特養＋小規模多機能＋地域交流カフェ）』開設
10月　『潤生園お出かけサポート（福祉有償運送）』開始（自主事業）

●著者プロフィール

時田　純（ときた　じゅん）

１９４９（昭和24）年から１９６３（昭和38）年まで小田原市役所民生部勤務
１９６３（昭和38）年から１９７５（昭和50）年まで小田原市議会議員３期歴任
１９７７（昭和52）年から２０１８（平成30）年６月まで社会福祉法人小田原福祉会理事長歴任
１９７８（昭和53）年から１９９２（平成４）年まで特別養護老人ホーム潤生園施設長歴任
１９９２（平成４）年から現在まで高齢者総合福祉施設潤生園園長歴任
２０１８（平成30）年７月から社会福祉法人小田原福祉会会長

《経歴》

小田原市高齢者保健福祉介護計画策定検討委員会委員、小田原市介護認定審査会副会長を歴任、小田原市ケアタウン構想検討委員会委員等、神奈川県老人ホーム協会会長、神奈川県社会福祉協議会理事、神奈川県国保連合会介護給付費審査会委員、日本福祉施設士会常任理事、全国老人福祉施設協議会副会長、厚生労働省終末期医療に関する調査等検討会委員、同特養ホームにおける介護看護サービスの効果的な連携方策に関する調査研究会委員、同高齢者認知症介護研究会委員、同認知症高齢者ケアマネジメント推進モデル事業中央検討委員会委員、同24時間地域巡回訪問介護のあり方検討会委員、小田原市社会福祉法人経営者協議会会長、神奈川県立保健福祉大学実践教育センター非常勤講師他、日本認知症ケア学会名誉会長、一般社団法人24時間在宅ケア研究会名誉会長、一般社団法人日本介護福祉経営人材教育協会理事等を歴任。

《受章》

1982（昭和57）年10月厚生大臣表彰、1990（平成2）年12月小田原市長感謝状、1991（平成3）年10月日本栄養改善学会賞、1993（平成5）年10月神奈川県知事表彰、1998（平成10）年5月神奈川県民功労者表彰、1999（平成11）年12月厚生大臣表彰、2000（平成12）年12月小田原市長感謝状、2004（平成16）年11月瑞宝双光章、2008（平成20）年9月日本認知症ケア学会読売認知症ケア賞功労賞。

《著書・論文》

『家庭でできる介護食』臨床栄養・1988（昭和63）年7～10月連載・医歯薬出版
『介護―生命やすらぐ日々を』1998（平成10）年4月・生活思想社
『施設における高齢者のターミナルケア』総合ケア・1997（平成9）年11月・医歯薬出版
『高齢者の在宅ターミナルケア』2002（平成14）年7月・御茶の水書房（編著）
『痴呆性高齢者ケアの経営戦略』2002（平成14）年8月・中央法規出版（共著）
『ケアマネジメント実践事例集』2004（平成16）年10月・第一法規出版
『特集～終末期ケアと緩和ケア』Geriatric Medicine Vol.44 No.11・2006（平成18）年11月
『老化に伴う低栄養と栄養ケアマネジメントの課題』月刊総合ケア・2007（平成19）年3月
『介護福祉士養成テキスト・生活支援技術Ⅰ』2009（平成21）年7月・ミネルヴァ書房（共著）
『介護経営白書2010年度版』2010（平成22）年10月・日本医療企画（共著）
その他論文多数

生老病死と介護を語る
他者への献身が豊かな人格を創る

2018年8月24日　初版第1刷発行

著　　者　時田 純
発 行 者　林　諄
発 行 所　株式会社日本医療企画
〒101-0033　東京都千代田区神田岩本町4-14　神田平成ビル
TEL. 03-3256-2861（代表）
印 刷 所　大日本印刷株式会社

ISBN 978-4-86439-676-9 C3036